そこが知りたい！小学校の英語指導50の疑問

●あなたも英語が教えられる●

加藤幸次
伊藤静香 著

Rock, scissors, paper, go!

黎明書房

はじめに

　平成32年度（2020年度）には，小学校3，4年に週1時間の「英語活動」，そして小学校5，6年に週2あるいは3時間の「英語科」の授業が導入されようとしています。しかし，多くの小学校教師はまるで"他人事"と装っているように見えます。そもそも，自分たちは英語を指導することができるような教育や研修を受けてきているわけではない，したがって，英語の専科教師を雇い入れるべきではないか，と構えているようにも見えます。現に，英語活動はALT（英語指導助手）や外部講師を頼りにやらざるを得ない状況になっているではないか，という思いが背後にあるように思われます。

　私たちは，このような"もやもやした"状況を解消し，むしろ，この機会に，学級担任である教師に英語教育に挑戦してほしいと願って，本書を書きました。現職にある教師だけでなく，これから教師になろうとする大学生に向かっても，子どもたちから"私たちの先生は英語も教えてくれるよ"と言われるような教師の姿を願って，書きました。教師への負担が大きくなることを承知しながらも，この機会を子どもたちからの尊敬の念を獲得する好機と捉えたいのです。やがて，保護者や地域社会からの信頼につながるに違いないのですから。

　もちろん，英語を指導することは，母語で指導することのできる他の教科の指導とは，大いに違い，難しいことです。母語でない英語を母語でない英語で指導することは，誠に，難しいことです。現に，中学校や高等学校の英語専科の教師たちですら，不安を感じているようです。まして，英語を指導することができるような教育や研修を受けてきていない小学校教師にとって，たしかに，無理なことかもしれません。

　こうしたことを承知の上で，あえて，この本を書くことにしました。

次の３つの方略を立ててみました。第１の方略は、英語についての『既習事項や経験を活用する』というものです。教師なら誰でも、中学校と高校で６年間、そして、大学で２年間、英語を学んできたはずです。他の教科と比べて"遜色のない"状態であることを確認したいのです。ただし、受けてきた英語教育はまさに受験教育の一環で、むしろ、英語に対して"自信を失わせるもの"だったかもしれません。しかし、教師なら誰しも、相当な英語力を持っているはずです。教師によっては、海外旅行や短期留学を経験していて、実際に英語を使ったことがあるでしょう。簡単な英語会話でも"通じたとき"のうれしさを経験した人もいるはずです。教師の持つ、こんな英語力や経験を活用したいのです。

　第２の方略は、"小学校で英語を指導する"という観点から、『的を絞って、英語力を習得する』というものです。的を絞った英語を"ターゲット英語"と名付けておきますが、それは、「基本表現と単語」、「教室英語」と「一般会話力」の３重構造になっています。「基本表現と単語」は各単元で指導する英語そのものです。他の教科と同じように、各単元の教材研究を積み重ねる活動の中で、習得していくことになります。「教室英語」は教師として学習環境を整え、学習活動を導いていくのに必要な英語力です。今日では、かなり、はっきりしていて、多くはありません。これら２つの英語を取り囲んでいる「一般会話力」は、その英語は変化に富み、それこそ一般的です。いわゆる一般の英会話教室では、ここに焦点を当てているのですが、「一般会話力」は拡散しがちです。

　第３の方略は、もっとも難しい"実際に英語で指導する"という観点から、ここでも、『的を絞って、１場面１表現に限定する』というものです。例えば、子どもの学習活動を"褒める"表現には、いろいろ、考えられますが、初めは代表的な表現１つに絞って習得し、徐々に、他の表現を加えていくという在り方です。むしろ、同じ表現を決まって用いることによって、教師自身が慣れていくと同時に、子どもたちがその表現を習得していくのに役立つ、と期待したいのです。

はじめに

　実際の指導には，英語の"発音"の問題が付きまといます。英語の発音に自信のある日本人はいません。アクセントやイントネーションは，それこそ，"習うより慣れろ"です。時間がかかりますが，同じ英語表現を繰り返し聞き，まねる必要があります。"自分の声で発音してみて，それを聞き返す"という方法も効果的です。もちろん，日本人固有の発音上の困難さもありますので，"発音"については，注意すべきことは言うまでもありません。

　人間である以上，誰しも言葉を獲得する潜在的能力をもっています。英語にチャレンジすることは，勇気さえあれば不可能なことではなく，楽しいことなのです。年齢は関係ありません。こう信じて，子どもたちから"私たちの先生は英語も教えてくれるよ"と言われる教師になっていただきたいのです。

　私たちは，この本が英語指導をしてみたいと考えている教師だけでなく，小学校の教師になろうとしている大学生にとっても，ためになってくれることを強く願っています。そして，そのことが子どもからの尊敬と保護者や地域社会からの信頼の獲得につながってくれることも強く願っています。

　相変わらず，黎明書房の武馬久仁裕社長から多大のご厚意と励ましをいただきました。また，編集部の都築康予さまには，実に丁寧に，校正していただき，読みやすい文章になりました。ここに感謝の意を表します。

2015年11月1日

加藤幸次
伊藤静香

目　　次

はじめに　1

第1章　グローバル時代における英語教育 ……9

Q1　グローバル時代と言われますが，そもそも，本当に英語は必要でしょうか　10

Q2　「日本語も十分できないのに，英語は無理」と言われますが，どのように考えるべきでしょうか　12

Q3　英語教育について論争が絶えませんが，どのようなことが争われてきているのでしょうか　14

Q4　英語は早く始めた方がよいと言われますが，英語学習に臨界期があるということでしょうか　16

Q5　そもそも，小学校の英語教育の目的はなんでしょうか　18

Q6　英語教育と国際理解教育は，どのような関係として捉えるべきでしょうか　20

Q7　よく「バイリンガルな日本人の育成」が大切であると言われますが，これはどういうことを意味するのでしょうか　22

　コラム1　国際共通語（リンガ・フランカ）　24

第2章　英語の授業をするために ……………25

Q8　英語に自信がないのですが，自分で英語の授業をしなくてはいけませんか　26

Q9　英語を教えるだけの準備をしてきていませんが，どうしたら英

目　次

　　　　　語を教えられるようになるのでしょうか　28
- Q 10　教えるとなると，当然，正しい英語を教えなければなりません。どうすればよいのでしょうか　30
- Q 11　英語を教えるとき，日本語についても言及したいのですが，どんなことを教えたらよいのでしょうか　32
- Q 12　英語で"話し出せない"原因は英語がよく聞き取れないことにあると思いますが，どうしたらよいでしょうか　34
- Q 13　とてもとても，ネイティブ・スピーカーのようには発音できません。どのようにしたらうまく発音できるのでしょうか　36
- Q 14　英語では，アクセントやイントネーションが重要と言われますが，どのように指導したらよいのでしょうか　38

　コラム 2　　ターゲット英語（Target English）　40

第3章　小学校の英語の現状と改革の方向 … 41

- Q 15　教師は小学校段階の英語教育の導入について，どう考えているのでしょうか　42
- Q 16　小学校への英語教育の導入には反対論が強かったと思いますが，反対論は克服されたのでしょうか　44
- Q 17　「中教審」の小学校英語に関する部会では，どんなことが検討されていくのでしょうか　46
- Q 18　英語のデジタル教科書ができてくれば，単に画面を操作すれば，授業はこなせるのではないでしょうか　48

　コラム 3　　英語の発音練習①　"w" & "r" list　50

第4章　英語で授業をする ……………… 51

- Q 19　英語で授業をするために，どのようなことに留意して，自分の

英語力を高めたらよいのでしょうか　52
Q 20　第3学年から英語教育が始まるとして，どのような教科書が考えられるのでしょうか　54
Q 21　英語の指導法には，どのようなものがあるのでしょうか　56
Q 22　英語活動（指導）のための「単元活動（指導）計画」や「本時の活動（指導）案」はどのように書くべきでしょうか　58
Q 23　単元のための「単元活動（指導）計画」は，どのように書くべきでしょうか　60
Q 24　学級担任が中心になって指導する授業は，どのような展開が考えられるでしょうか　62
Q 25　ALTの協力を得て指導する授業は，どのような展開が考えられるでしょうか　64
Q 26　外部講師の協力を得て指導する授業は，どのような展開が考えられるでしょうか　66
Q 27　英語の授業でアクティブ・ラーニングを計画したいのですが，どんな方法がありますか　68
Q 28　教科書で指導するとしても，補助教材が必要になりますが，どのような補助教材が考えられるでしょうか　70

コラム4　英語の発音練習②　"f" & "v" list　72

第5章　英語指導に必要な英語表現 ………… 73

Q 29　一斉指導する場合に必要な英語表現には，どのようなものがあるのでしょうか　74
Q 30　小グループ学習場面で必要な英語表現には，どのようなものがあるのでしょうか　76
Q 31　ペア学習の場面で必要な英語表現には，どのようなものがあるのでしょうか　78

目　次

Q 32　一人学習の場面で必要な英語表現には，どのようなものがあるのでしょうか　80

Q 33　授業の中で，歌や動きを伴った活動を指導する場面が出てきます。そこで必要な英語表現には，どのようなものがあるのでしょうか　82

Q 34　総合的な学習を指導する場面で必要な英語表現には，どのようなものがあるのでしょうか　84

Q 35　「今日のターゲット英語」である「基本表現や単語」を正確に，素早く，口に出したり，書いたりできません。どうしたらよいでしょうか　86

Q 36　日本人の学級担任として，どのような点に留意して指導をしたらよいでしょうか　88

Q 37　英語力の違う子どもたちに英語を教えるには，どうしたらよいでしょうか　90

Q 38　英語の評価について，どのように考えればよいでしょうか　92

Q 39　「聞く，話す」技能は，どのようにして評価したらよいでしょうか　94

Q 40　特別教室として，「英語教室」を設け，活用すべきでしょうか　96

コラム5　英語の発音練習③　"th" & "sh" list　98

第6章　英語指導に必要な創意工夫 ………… 99

Q 41　韓国の小学校での英語教育は，どうなっているのでしょうか　100

Q 42　中国の小学校での英語教育は，どうなっているのでしょうか　102

Q 43　EU諸国の小学校での英語教育は，どうなっているのでしょうか　104

Q 44　どのようにしたら，ALT・外部講師と協働することができるのでしょうか　106

Q 45　ALTと積極的に話し合いたいのですが，どのようなことに注意

7

したらよいでしょうか　108

Q 46　小学校の英語教育と中学校の英語教育のつながりは，どうなっていくのでしょうか　110

Q 47　読める力，書ける力をつける教材はどのように作ればよいでしょうか　112

Q 48　小学校教員として英語の指導力の向上を目指すには，どのようにしたらよいでしょうか　114

Q 49　子どもたちに身につけてほしい英語表現には，どんな表現が考えられるでしょうか　116

Q 50　今日，日本の英語教育が当面している根本的な課題は，なんでしょうか　118

コラム６　英語の発音練習④　"er/ir/ur" "ar" & "or" list　120

付録１　教師のための教室英語　121
付録２　子どもたちが知っていると思われる英単語（カタカナ英語）リスト（300語）　127

＊イラスト・さややん。

第1章
グローバル時代における英語教育

Q1 グローバル時代と言われますが，そもそも，本当に英語は必要でしょうか

> **A** 英語は国際共通語です。世界の人々と話したり，世界のことを知るためにも，必要に応じて，使えるようになりたいものです。

　人や物の移動が絶えず国境を越えて進むグローバル化がますます発展し，日本の世界との関わりは，今まで以上に，強いものになっていくに違いありません。こうした背景のもとにあって，英語は，他文化の理解を図りつつ，かつ，他国の人とのコミュニケーションを図るために，不可欠な手段と言えます。

　テレビで報道される世界のニュース番組では，英語でインタビューがなされています。また，会議の報告は英語でなされています。今日，アジアで行われる国際会議，特に，学術会議では英語が共通語です。発表も，討論も英語でなされます。そこでは，「お国なまり」と言ってもよい英語が聞かれます。なかでも，英語が公用語であるインドの人の「お国なまり」英語はよく知られているところです。さらに，世界の書籍の80％は英語で書かれたものと言われています。もちろん，学術書はほとんど英語で書かれています。

　こうした世界の動向を反映して，『あえて英語公用語論』（船橋洋一，文春新書）が 2000 年に出版され，一躍脚光を浴びました。文部科学省は 2003 年に「『英語が使える日本人』の育成のための行動計画」を策定しました。近年，文部科学省は「国際共通語としての英語力向上のための 5 つの提言と具体的施策」（2011 年），「グローバル化に対応した英語教育改革実施計画」（2013 年）を策定し，さらに，2015 年 8 月に「英語教育の抜本的教科のイメージ」が示され，グローバル時代における英語教育を一挙に加速し，推進してきています。特に，小学校における英語教育の充実に力を入れてきていると言ってよいでしょう。

第1章　グローバル時代における英語教育

〔文部科学省『「英語が使える日本人」の育成のための行動計画』2003年〕

　今後のグローバル化の進展の中で，「英語が使える日本人」の育成のためには，「『コミュニケーションの手段』としての英語」という観点から，初期の学習段階において音声によるコミュニケーション能力を重視しながらも，「聞く」「話す」「読む」「書く」の総合的なコミュニケーション能力を身につけることが重要である。こうした指導を通じて，国民全体のレベルで，英語により日常的な会話や簡単な情報の交換ができるような基礎的・実践的なコミュニケーション能力を身につけるようにすると同時に，職業や研究の仕事上英語を必要とする者には，上記の基礎的な英語力を踏まえつつ，それぞれの分野に応じて必要な英語力を身につけようとし，日本人全体としてTOEFL，TOEIC等客観的指標に基づいて世界水準の英語力を目指すことが重要である。（平成15年3月31日）

〔カチュルの『世界英語（World Englishes）』〕

　グローバル時代における世界の共通語として，英語（English as an International Language）について考えるとき，カチュル（Braj Kachru）の言う『世界英語』という考え方が注目されます。「英語」というと，特に，日本人はアメリカやイギリス等に代表される英語圏で話される英語と考えがちです。しかし，英語圏の英語だけが英語ではありません。例えば，インドで日常的に使用される英語も，シングリッシュと呼ばれるシンガポールの英語もあります。これらの英語では，イギリス英語とアクセントやイントネーションが違っていたり，異なる単語が使われていたりします。こうした英語を「英語の方言」と捉えるのではなく，それぞれの英語がイギリス英語と同様に，その国で機能をもち，自律した，1つの「英語」として捉えるべきであると言うのです。

　『世界英語』という言葉は英語に多様性を認めるもので，英語教育を推進するにあたって，アメリカやイギリス等に代表される英語圏で話される英語に固執することには慎重でありたいものです。

Q2 「日本語も十分できないのに，英語は無理」と言われますが，どのように考えるべきでしょうか

> **A** 人間は2つ以上の言葉を習得する能力があります。グローバル時代を迎えて，日本語の習得とともに，英語の習得も目指すべきです。

　人間の子どもは，他の動物と違って，生後1, 2年の間に「母語」を習得する能力があります。この急速な言語能力の獲得には誰しも驚かされます。人類の長い発達の歴史の中で，DNAに組み込まれた人間の持つ潜在的能力と言ってよいでしょう。この能力に理論的枠組みを与えたのがN. チョムスキー（Noam Chomsky）です。彼は，1960年代後半に，この潜在的な言語習得能力を「LAD（Language Acquisition Device）」と名付けています。どの民族の子どもも，まさに自然のうちに，主語と述語，名詞と動詞，否定文と肯定文などを使い分けていきます。彼はここから有名な「普遍文法（Universal Grammar）」という概念を作り出し，今日の言語学の基礎を作り出していきました。

　他方，2つの言葉を習得していく子どもたちへの研究が，特に，カナダのケベック州のようなバイリンガルな社会で盛んになっていきます。ケベック州は1995年に行われた住民投票で独立は否定されたのですが，学校では英語とフランス語のバイリンガル教育が導入されていきました。1つの言葉（monolingual）ではなく，2つの言葉（bilingual）の習得を目指そうとする言語政策です。

　バイリンガル教育はアメリカやオーストラリアのような多民族・多言語国家に広がっていき，2つの言語を同時に学ぶイマージョン・スクール（immersion school）ができていきます。今日では，EU諸国の人はどの国で仕事をしてもよいのです。したがって，EU諸国の学校では，基本的に3つの言葉の習得（trilingual）が目指されています。すなわち，母語，共通語としての英語，隣接する国家の言葉の習得です。

〔強力な1言語主義〕

　どの民族国家をとっても，1言語主義（モノリンガリズム）が圧倒的に強力です。国の統一を図るためにも，1言語主義が必要です。日本の近現代史を見れば，歴然としていますが，明治以後いわゆる「標準語」の普及に努めてきました。特に，教員養成において，教師が標準語を身につけることを強調し，教師を通して標準語の普及に努めてきました。また，子どもが地方語を話すことを強く禁じてきました。その結果，今や，琉球語は絶滅に近い状態です。

〔カミンズの氷山（思考タンク）モデル〕

　「日本語も十分できないのに，英語は無理」という考え方は，典型的な1言語主義の思考です。それに対して，J. カミンズ（Jim Cummins）は，1986年，2言語主義（バイリンガリズム）脳の機能に関して，「2言語共有説（氷山・思考タンクモデル）」を提案しています。このモデルによると，2つの言語は基底部分を共有していて，「日本語と同時に英語を学ぶことは無理ではない」ということになります。むしろ，「ことばの力（思考タンク）」という共有部分を強化することによって，2つの言語の豊かな発達が保証されると考えられるのです。2つの言語が別々に脳の中で発達すると考えると，「日本語も十分できないのに，英語は無理」となります。

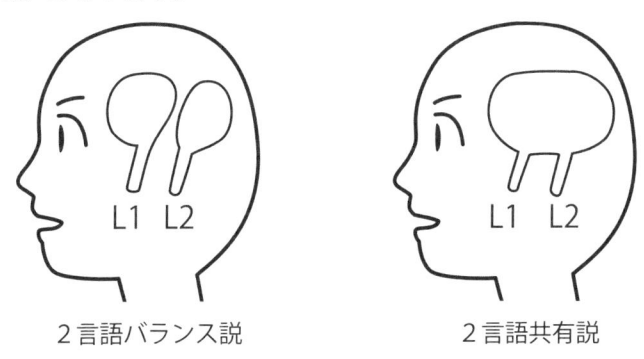

　　　2言語バランス説　　　　　　2言語共有説

（中島和子『完全改訂版　バイリンガル教育の方法』アルク，2016年，38〜39頁より作成）

Q3 英語教育について論争が絶えませんが，どのようなことが争われてきているのでしょうか

A 「バイリンガル社会」を見据えて，「エリートのための英語」の時代から「大衆のための英語」の時代に大きく転換しようとしています。

　英語教育についての論争は明治時代に始まっています。西洋の科学技術に「追いつき・追い越すこと」を国是としていた時代は，「お雇い外国人」と言われる専門家を雇い，やがて，西洋の文献の翻訳を通して，西洋の科学技術文明を取り入れようとしました。もちろん，当時，英語教育はごく限られたエリートが対象でした。論争は，どのようにしたら英語の文献を正確に翻訳でき，西洋の持つ科学技術を効率的に取り入れることができるかという点をめぐって，展開されました。

　英語教育についての論争が顕在化し，国民的関心を呼んだのは，まずは，「平泉渉―渡部昇一論争」です。1974年4月，参議院議員であった平泉は『外国語教育の現状と改革の方向』を公にし，「実用英語」こそ，改革の方向と主張したのです。それに対して，渡部は雑誌『諸君』の1975年4月号に『亡国の「英語教育改革試案」』を書いて，論争が始まったと言うのです。渡部の主張は明治時代以来の「翻訳（文法）英語」を擁護するものでした。

　次に，2000年に出版された船橋洋一の『あえて英語公用語論』によって，平泉―渡部論争に終止符が打たれ，「実用英語」への道が確定しました。しかし，船橋の主張をめぐって，論争が起こったとは言い難いのです。「公用語」という言葉があまりにも唐突な感じに受け取られたものの，以後，平泉のいう「実用英語」の方向が加速されました。文部科学省は2002年に『「英語が使える日本人」の育成のための戦略構想』，2014年に『今後の英語教育の改善・充実方策について（報告）―グローバル化に対応した英語教育改革の5つの提言―』を公表しています。

〔平泉―渡部論争は古典的なものに過ぎなかった〕

　この論争の内容は,「論争」と呼ぶほどのものではなかったのです。雑誌『諸君』の編集部に引きずられたきらいがあります。渡部の主張する「翻訳（文法）英語」擁護論は,19世紀にイギリスで展開された「ラテン語廃止論」の蒸し返しにすぎなかったのです。難解な英語の長文を,文法を頼りに和訳する過程は知的訓練そのものであり,今流に言えば「脳トレ」というものです。「英文和訳や和文英訳や英文法はことごとく知力の極限まで使ってやる格闘技なのである」という渡部の言葉の中によく現れています。それに対して,平泉は英語教育の「効率の悪さ」すなわち「その成果があがっていない」現状を指摘し,「英語の実用的能力をもつことが望ましい」と主張したのです。実は,争点がずれていたのですが,後に,渡部の「翻訳（文法）英語」,平泉の「実用英語」といった対立構造で捉えられたにすぎません。

〔エリートのための英語か, 大衆のための英語か〕

　英語を小学校から始めることには,反対論が根強いのです。Ｑ２で見たように,「まず日本語（Japanese Only）」という保守的な考えが根底にあり,さらに,教員や教材などの「準備不足」も指摘されています。しかし,最大の論争点は「大衆のための英語」を目指すべきかどうか,という点にあるのです。

　平泉は「実用英語」を主張したのですが,「わが国民の約５％」に期待していたにすぎないのです。この点,渡部も同じです。しかし,船橋の公用語論は「全国民」を前提としているものです。公用語となれば,国民全体が英語教育の対象者になることを意味します。もっとも,船橋は「30年後に全体の30％がバイリンガルになればよい」と,段階的に考えています。小学校に「教科として英語」を開始することは英語の公用語化に道を開くことにつながっているのです。この点についての理解が進んでいないことこそ,根本的な問題です。

Q4 英語は早く始めた方がよいと言われますが，英語学習に臨界期があるということでしょうか

> A 特に発音に関しては，早い方がよいと言われます。しかし，原則としていつから始めても，かまいません。

　現在までの考え方は，まず，日本語の基礎が固まってからその後で，中学校1年から英語教育を始めるべきだ，というものです。この考え方が徐々に崩れ，今では小学校5，6年に週1時間の英語活動が導入されました。さらに，平成32年度（2020年度）には，小学校3年から英語活動を始めようというのです。英語教育の早期化が進行中です。

　従来の考え方は，外国語を早く学ばせることは母語の発達の障害になる，というものです。2言語を同時に学ばせると，お互いに干渉して，母語も外国語もうまく発達しないという考え方で，「削減的バイリンガリズム（subtractive bilingualism）」と言われます。しかし，1980年代に，カナダでのバイリンガル（英語とフランス語）・イマージョン教育の成果が公表され，母語と共に，もう1つの言語も同時に発達したことが明らかになり，考え方が大きく変化しました。これを「付加的バイリンガリズム（additive bilingualism）と言います。

　他方，1980年代に入ると，日本の帰国子女たちについての研究が盛んになり，現地の幼稚園や小学校で，英語で教育を受けた彼らはネイティブ・スピーカーのように英語を身につけることが報告されました。特に，英語らしい発音（アクセントやイントネーション）を獲得するのには，小学校2年（8歳）以前に英語に接する必要があるという「臨界期（critical period）」説がもてはやされるようになりました。英語は早く始めた方がよいと言われる理由でしょう。

　しかし，今日では，CDやDVD，英語塾やサマースクール，短期留学など豊かな言語環境があり，いつから英語を始めてもよいと言えます。

〔"臨界期"から"敏感期"・"最適期"へ〕

1970年代に入ると、英語の発音に関する臨界期を問題にした研究が注目され始めました。植松茂男『英語学習と臨界期』（松柏社，2006年）の中で4つの研究が取り上げられていますが，英語の発音はいずれも，滞在年数よりも，入国年齢に左右されている，と指摘されています。すなわち，およそ7～11歳までに入国した者はネイティブ・スピーカーのように英語を発音する，と指摘されています。

他方，1990年代に入ると，発音だけでなく，語彙や文法についても，臨界期があるという研究もなされるようになりました。語彙や文法に関しては，年齢の高い学習者の方が年齢の低い学習者より学習成果を上げているという研究もあります。

しかし，今日では，臨界期（critical period）と呼ぶほど，限定的，決定的な期間と捉えず，敏感期（sensitive period），最適期（optimal period）という言葉で捉え，個人差もあり，多様性を持った概念として考えられてきています。このところ，かなりの数の中年あるいは高齢の人が英語を学ぶようになってきていて，臨界期という概念が崩れつつあります。

〔早期教育の方向に加速して，英語力の差が拡大している〕

明らかに，近年，英語の早期教育化が急速に進行しています。保育園や幼稚園で英語を教えているところが多くなり，各地に子どものための英語塾があり，多くの英語教師がネイティブ・スピーカーであると考えられます。そこでは，かなりの数の小学生が英語を学んでいると考えられます。こうした英語教育の早期化を支えている考え方は，やはり，「発音」にあると言えるでしょう。年少の子どもたちは"自然な発音"を容易に身につけることができる，と考えられているのです。

もちろん，社会のグローバル化が急速に進行しつつあり，国際共通語としての英語の重要性が社会に広く認識されつつある結果である，とも考えられます。

Q5 そもそも，小学校の英語教育の目的はなんでしょうか

A コミュニケーション能力の「素地」を育成することです。また，英語を通じて国際理解教育を促進するねらいも含まれています。

　小学校学習指導要領(平成20年(2008年))によると，外国語活動のねらいは「外国語を通じて，言語や文化について体験的に理解を深め，積極的にコミュニケーションを図ろうとする態度の育成を図り，外国語の音声や基本的な表現に慣れ親しませながら，コミュニケーション能力の素地を養う」です。つまり，外国語活動の目標は①言語や文化の体験的な理解，②外国語を通じたコミュニケーションの態度の育成，③外国語の音声や基本表現に慣れ親しむという3つの要素があるということです。

　平成21年（2009年）に文部科学省から出された最初の小学校英語教材『英語ノート』では，世界の様々な国の衣食住に関する題材が多く取り上げられています。現行の『Hi, Friends!』の題材についても同様の傾向があります。外国語活動は，児童の他文化に対する関心を高め，同時に，英語によるコミュニケーション能力の素地を養うことが目標です。

　言うまでもなく，小学校での学習の目的は中学校での学習の基盤を形成することです。すなわち，小学校では，「コミュニケーション能力の素地を養う」ことで，その上に立って，中学校では，「コミュニケーション能力の基礎を養う」ことです。小学校では「素地」の育成を目指して，音声に力点を置いた「聞く」「話す」活動に重点を置いてきていますが，「読み」「書く」活動も加えるべきであると言われてきています。英語の語彙数や，基本表現（キーセンテンス）についても，小学校と中学校の接続関係が問題になってきています。小学校と中学校の一貫性のあるカリキュラムの構成が求められています。

〔「次期学習指導要領（たたき台）」2015年8月5日〕

「次期改訂に向けては，国として，小・中・高等学校を通して育成すべき資質・能力を，3つの柱を踏まえつつ，①各学校段階の学びを接続させる，②『英語を使って何ができるようになるか』という観点から一貫した教育目標（4技能に係る具体的な指標の形式の目標を含む）を設定し，それに基づき，英語を『どのように使うか』，英語を通して『どのように社会・世界と関わり，よりよい人生を送るか』という観点から，児童生徒が主体的に学習に取り組む態度を含めた学習・指導方法，評価方法の改善・充実を図っていくことが求められる。」

「小学校段階においては，高学年の『外国語活動』の充実により，児童の高い学習意欲，中学生の変容などの成果が認められる一方で，①音声中心で学んだことが，中学校の段階で音声から文字への学習に円滑に接続されていない，②国語と英語の音声の違いや英語の発音と綴りの関係や文構造の学習において課題がある，③高学年は，児童の抽象的な思考力が高まる段階であり体系的な学習が求められることなどが課題として指摘されている。」

〔言語は資源であるという考え方〕

L. ルイーズ（R. Luis）は，言語は個人と社会に利益をもたらす「資源としての言語」という目的観を提起しました。言語を「資源」とみなすことで個人と社会，ひいては国全体が発展していくという概念です。この言語目的観は，アメリカ社会を反映した言語教育政策ですが，日本の言語教育政策にも反映させるべきです。国や世界にとって，2言語話者（バイリンガル話者）を育成することは言語的文化的な人材開発であるという教育政策です。ますます，グローバル化する世界において，国際共通語として「英語を使える」人の育成は，国と世界を豊かにし，世界を平和に導く人的資源であるという考え方です。（Richard Luis, *'Orientations in Language Planning',* "NABE Journal 8", 1984）

Q6 英語教育と国際理解教育は，どのような関係として捉えるべきでしょうか

A 英語教育は英語によるコミュニケーション技能の習得を目指すと同時に，他国・他文化理解のための機会でもあります。

平成7年（1995年），小学校での英語教育の導入について，検討されました。そこでは，英語教育は，総合的な学習の時間における「国際理解教育の一環としての英語」という立場がとられました。すなわち，この時点では，英語教育の導入に当たって，国際平和を目指して他国・他文化を理解することが重視されたと言ってよいでしょう。

続いて，文部省は平成8年（1996年）の『21世紀を展望した我が国の教育の在り方について』（中央教育審議会第1次答申）を受けて，平成10年（1998年）に学習指導要領を改定し，小学校の総合的学習の一環として「英語活動」を導入しました。

改訂された学習指導要領の中で，「国際理解教育の一環としての英語」について，国際理解教育を強調して次のように述べています。

「日本と外国との生活，習慣，行事などの違いを知り，様々なものの見方や考え方があることに気付くこと。」「異なる文化を持つ人々との交流等を体験し，文化に対する理解を深めること。」「外国語活動を通して，外国語や外国の文化のみならず，国語や我が国の文化についても併せて理解を深めることができるようにすること。」

しかし，平成20年（2008年）に改訂された現行の学習指導要領は，Q1やQ5で見てきた如く，英語をコミュニケーション・ツールとして捉え，コミュニケーション技能に力点を置き換えていると言えます。この変化は今までの英語活動を改め，英語教育と国際理解教育との新しいバランスを取った動きと言い換えてもよいでしょう。

〔『21世紀を展望した我が国の教育の在り方について』(中央教育審議会第1次答申，1996年)〕
○国際理解教育の充実
・広い視野とともに，異文化に対する理解や，異なった文化を持つ人々と共に協調して生きていく態度の育成。
・我が国の歴史や伝統文化などへの理解を深め，日本人としての自己の確立を重視。
・各教科，道徳，特別活動などの関連を図った国際理解教育の推進と体験的な学習や課題学習の重視。
・外国の学校との姉妹校提携や留学など多様な国際交流活動の実施やインターネットなどを活用した国際交流の推進。
・教員の海外派遣の拡充など養成・研修の充実による教員の指導力の向上。
○外国語教育の改善
・リスニングやスピーキングなどのコミュニケーション能力の育成を重視した外国語教育の改善（カリキュラム・指導方法の改善，教員の指導力の向上，入学者選抜の改善など）。
・小学校における外国語教育については，教科として一律に実施する方法は採らないが，国際理解教育の一環として，「総合的な学習の時間」や特別活動などで地域や学校の実態等に応じて，英会話等に触れる機会や外国の生活・文化に慣れ親しむ機会を持たせることができるようにする。その際は，ネイティブ・スピーカーなどの活用を図ることが望まれる。

〔教科横断的アプローチ：国際理解教育〕
　「総合的な学習の時間」で取り扱われることが期待されているテーマは，その名の通り，総合的に取り扱うのにふさわしい現代的課題でしょう。現代的課題の学習は，学問や科学の成果を背景とした「教科」を横断したアプローチを取るべきでしょう。もちろん，英語は外国語ですので，イギリスやアメリカの事柄を題材とすることが多いので，国際理解教育と大いに関わる学習活動ですが，国際理解教育は社会科，国語や道徳などを含んだ教科横断的アプローチを取ることが望ましいでしょう。

Q7 よく「バイリンガルな日本人の育成」が大切であると言われますが，これはどういうことを意味するのでしょうか

A 今後の世界では，国と国との相互依存関係はますます増大するでしょう。日本語と共に英語のできる日本人の育成が不可欠です。

　グローバルな世界では，国と国の相互依存関係はますます深まります。そこでは，物や情報やお金が国境を越えて動きまわります。それに伴って，人と人の交渉も，ますます，盛んになります。言うまでもなく，人と人の直接交渉には言葉が必要です。良い悪いは別として，今日では，英語が国際共通語です。Q3で見てきたように，船橋洋一は『あえて英語公用語論』を展開しました。日本語を第1公用語として，英語を第2公用語とすべきだと言うのです。すなわち，日本はバイリンガリズム（2言語主義，Bilingualism）の言語政策を採用すべきであると言い切ったのです。

　どの程度英語を公用語としていくのか，問題は残していますが，具体的には，「バイリンガル人口を30年後に，全体の30％，中央政府職員では50％とする」「英語教育の目的は，国民が国際共通語でありコミュニケーション言語としての英語を身につける」ことと言うのです。

　さらに，小学校から高等学校まで「イマージョン（Immersion）英語教育を導入」すべきである，と言うのです。「イマージョン実施校は10年後で，全体の20％，20年で70％にする」とも主張するのです。

　船橋は，グローバル化していく世界にあって，日本社会が生き延びていくための方向を示したことは確かです。Q2で見てきたように，「日本語もまともにできない子どもたちに英語は無理」と多くの人が考えているように言われます。しかし，実は，調査によれば，バイリンガリズムそのものを否定する教師は多くないのです。（中央教育研究所『教師の意識調査』（代表・武内清）平成15年8月）

第1章　グローバル時代における英語教育

〔パーシャル・バイリンガルを目指す〕

　バイリンガル（2つの言葉ができる）と言うと，日本語も英語も「ペラペラ」というイメージが付きまといます。日本語も英語も完璧というイメージを「パーフェクト・バイリンガル」と名付けています。たしかに，英語を話す人を見ると，そんな感じがします。例えば，国際結婚した親の元で育つ子どもを見ていると，そんな感じがするものです，しかし，そんな人は全くと言ってよいほどいないはずです。英語教育の目標を日本語も完璧，英語も完璧という状態に置くことはできません。

　言い換えると，人は「パーシャル（部分的あるいは偏った）・バイリンガル」であり続けるのです。すなわち，日本語も英語も「ほどほど」というのが一般的で，さらに，生涯を通して「凸凹」した形で，身につけていくものです。教育の段階や職業の種類によって，また，国内に住むか，国外に住むかによって，日本語も英語もあるときは日本語が強くなり，また，あるときは英語が強くなるといった凸凹した形で上達していくということです。「パーシャル・バイリンガル」な状態こそあるべき姿です。

〔必要に応じて英語能力を高めていく〕

　外国の人たちと直接接触する職業にある人，例えば，外交官や商社マンは今まで以上の英語力を身につけるべきです。「通訳」を雇えば十分という態度はもはや許されません。「読み・書き」する能力は「聞く・話す」能力と共に発達するものです。

　日本は観光立国を目指すべきである，と言われています。たしかに，近年，外国からの観光客が急増してきています。しかも，大都市や名所・旧跡だけを訪問するのではなく，全国各地に足を延ばすようになってきています。ホームステイを受け入れる家庭も増加してきています。一般の人が外国の人たちと直接接触する機会がますます増え，バイリンガルであることが求められてきています。

コラム1

国際共通語（リンガ・フランカ）

「世界英語（World Englishes）」という言葉をつくり，国際共通語としての英語の在り方を示したカチュル（B. Kachru）は，世界の英語話者を3つのサークルに分類して捉えています。「母語話者」のインナーサークル（Inner Circle），英語を「第二言語」として，公用語として国内で使用する国のアウターサークル（Outer Circle），そして，英語を「外国語」として，国際コミュニケーションで使用する国であるエクスパンディングサークル（Expanding Circle）です。日本はエクスパンディングサークルに分類されます。現在，これらのサークルに属する英語話者は7.5億人から10億人にのぼるというのです。しかも，この最後のサークルに属する英語話者が急速に増大しているのです。

「リンガ・フランカ（Lingua Franca）」というイタリア語は共通の母語を持たない集団内において意思疎通に使われる共通語を意味します。例えば，中世ヨーロッパではラテン語がヨーロッパ諸国の共通語で，書物はラテン語で書かれていました。古代インドのサンスクリットもその例です。また，古代中国の秦は「小篆（しょうてん）」という書体で漢字を確立し，この書体の漢字を共通語として，中国を統一したことは有名です。このように，特に交易活動では，歴史の時代時代で，母語を共通としない人々の間である種の「共通語」が使われてきました。

英語を国際共通語に押し上げてきた理由として，かつてのイギリス帝国の存在があげられます。また，戦後のアメリカの影響力の増大という理由も指摘されます。しかし，同時に，英語が国際共通語になりやすい特性を備えているという指摘もなされます。英語は屈折語ですが，「語の変化」が比較的少なく，かつ，語の変化に対する「揺らぎ」が容易に許容されやすい，と見られています。もちろん，フランス語や中国語などに比較して発音が「容易」であるとも考えられています。

この英語の捉え方は，英語圏以外の国での英語を英語圏の英語に対する「揺らぎ」という範疇で捉えるのではなく，英語圏以外の英語を「もう1つの英語」と認知するものです。

現実は，英語がそのまま「国際共通語」であると考えられている，と言ってもよいでしょう。JETプログラムなどでは，ネイティブ・スピーカーを英語指導助手として雇い入れています。この場合，ネイティブ・スピーカーと言われる人はアメリカ，カナダ，イギリス，オーストラリアなど英語を母語とする人を意味します。

第 2 章
英語の授業をするために

Q8 英語に自信がないのですが，自分で英語の授業をしなくはいけませんか

A 子どもたちから「私たちの先生，英語も教えてくれるよ」と言われたくありませんか。子どもたちや保護者から信頼と尊敬を勝ち取るチャンスと捉え，努力してみてはどうでしょうか。

　文部科学省は 2015 年 7 月 27 日『学校現場における業務改善のためのガイドライン』を公にし，教師の多忙さの改善を促しています。こうした状況の中にある教師たちに，どんな呼びかけをしても，無駄かもしれません。しかし，多忙さを理由に，手をこまねいているわけにはいかないでしょう。

　2000 年に始まった「学力低下論」は，反学校・反教師運動を招き，学校も，教師もその地位を低め，もはや，「聖職」などという言葉は全く聞くことがなくなりました。明治時代以来育まれてきた教育への尊敬と信頼は見る影もありません。「モンスター・ペアレント」がその象徴的存在です。学習塾の隆盛と私立学校への傾斜が加速しています。

　こうした状況の中にあって，小学校に導入されようとする小学校英語教育は挑戦するに値する，残された「唯一の場所」と捉えたいのです。学校や教師への信頼を取り戻す「機会」かもしれません。

　たしかに，小学校教師は英語について準備教育を受けてきたわけではありません。小学校教員免許の取得に際して，他の教科のように，「英語科教育法や英語科教材研究」を履修してきたわけではありません。しかし，中・高校時代に英語を学び，大学で少なくとも 8 単位の英語を習得してきたわけです。他の教科に比べても，英語を学んできた経歴は，十分です。

　にもかかわらず，導入された 5，6 年生の「英語活動」は ALT や外部講師に任せて，「知らぬ顔」をしているのが現状です。英語教育は「他人事」と決め込んでいるように見えます。

第 2 章　英語の授業をするために

〔英語が話せることの楽しさ〕

　海外に出て，英語で買い物できたときのうれしさは，したことのある人なら誰しもよく知っています。「ダウン。ダウン」と言って，値下げしてもらったことを自慢して話してくれます。日本語の通じない世界で，自分の英語が通じたときのうれしさは，格別でしょう。

　以前と違って，外国語という言語環境は身近なものになりました。今では，どんな田舎に行っても，英語とは限りませんが，外国語を耳にします。そう言えば，私たちの耳は外国語にとても敏感です。とても，不思議です。

　また，外国語を学ぶための教材があふれています。特に，英語の教材は多種多様で，宣伝を見ない日はないほどです。その気になって，「時間」さえ確保すれば，いつでもどこでも，外国語を学ぶことができます。

〔自信をはく奪してきた"学校"英語〕

　日本人はなぜここまで英語に対する自信を喪失しまったのでしょうか。今でははっきりしていることですが，「唯一の答え」，つまり，正確さを求めてきた受験英語です。よい成績を取るためには，正確さに加えて，「例外」を覚えることが大切なのです。

　指導法もまた，正確さをめぐって，なされてきました。特に紛らわしいのは，a (an) と the という日本語ではあまり重要視されない冠詞です。そして s (es) の付く複数形です。数えられるものと数えられないもので区別できるとは限りません。特に，fish, cloud, furniture, luggage などです。まずは，このあたりから，自信を奪われていきます。

　受験英語をはなれれば，実は，日本語になってしまっている英単語や英語表現は私たちの周りにあふれています。大学教育を受けた日本人なら知っていると考えられる英単語873語の内，小学生でも知っていると思われる英単語は300語（付録2参照）です。英語表現もかなりの数になると思われます。ここに基礎を置いてこそ，「自信をもって学べる英語教育」が確立できるはずです。

Q9 英語を教えるだけの準備をしてきていませんが，どうしたら英語を教えられるようになるのでしょうか

A 小学校で教える英語の「全体像」を捉え，自分の担当する「学年の指導内容」について教材研究し，自信をつけましょう。

　何事につけ，目指す目標を含んで「全体像」を捉え，「メタ認知」をもつことが重要です。指導のための航海図（年間指導計画）です。次に，自分の海域（単元計画）を知ることです。なぜ5年生の教師は自信をもって5年生の算数が教えられているのかと考えてみれば，よくわかります。

　英語は新しく導入される教科です。当然，ほとんどの教師は教えた経験がありません。とは言え，教師なら誰しも中学校，高校，それに大学で英語を学んできています。あえて言えば，Q8で見てきたように，ただ1つの正解を求めて教えられてきている受験英語のせいで自信を喪失してしまったのでしょう。そこでは，ただ1つの正解を求めて，ひたすら暗記することが求められてきたのです。英語の授業には，自分の知らない国の言葉を知ることの楽しさがありませんでした。すなわち，「英語は楽しいもの」という感覚がそこには全くありませんでした。本来，外国語を知り，使うことは楽しいことなのです。気づかれているかと思うのですが，このことは英語だけのことではなく，他の教科についても言えることです。

　実は，「全体像」を知ると言ったのですが，現在，分かっていることは5，6年生の英語についてだけです。すなわち，『英語ノート（Hi, Friends!）』1と2の持つ内容です。今の計画では，3，4年生に週1時間の英語，5，6年生に週2時間の英語の授業を設けるようです。そこでの指導内容は現行のものとは大きくは変わらないようです。（2015年12月21日，文科省「教育課程部会外国語ワーキンググループ（第4回）配布資料5」）

第2章　英語の授業をするために

〔ターゲット英語（Target English）のこと〕
　2020年度から実施される予定の小学校の英語教育について，2014年9月23日，文部科学省が公にした『今後の英語教育の改善・充実方策について』は小学校の中学年から外国語活動を行い，「音声に慣れ親しませながらコミュニケーション能力の素地を養うとともに，ことばへの関心を高める」と言う。また，高学年では「身近なことについての基本的な表現によって"聞く""話す"ことなどに加え，"読む""書く"の態度の育成を含めたコミュニケーション能力の素地を養う」と言う。来年度中には，具体的な英語の教育課程が示され，やがて，教科書ができるでしょう。ターゲット英語となる「基本表現と単語」がそこで分かるでしょう。

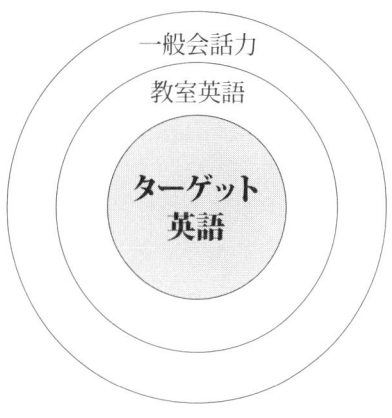

図　身につけたい英語力

〔会話力を身につける努力〕
　言うまでもなく，英語を教える場合，ターゲット英語について研究することは大切です。しかし，授業をするためには一般に「教室英語」と言われる英語表現を身につける必要があります。授業を始めるとき，指導を展開するとき，授業を終了するときに必要な英語表現も意図的に使えるようになりたいものです。Q29からQ34にかけて，指導場面に応じてよく使われる英語表現について触れています。また，最後に「付録1」として「教師のための教室英語」リストを載せておきます。このリストには220の英語表現がありますが，その内50近くは誰でも知っているものです。
　同時に一般的な基礎的会話力も身につける必要があります。一般的な会話表現を身につけ，使えるように，日頃から英語に慣れ親しむように努力したいものです。

29

Q10 教えるとなると，当然，正しい英語を教えなければなりません。どうすればよいのでしょうか

A 今日の「ターゲット英語」を黒板に貼り出しておきましょう。また，「ASA」方式を念頭に置いて，指導にあたることを推奨します。

　当たり前のことですが，教えるとなると，間違った英語表現は極力避けるべきです。「今日のターゲット英語」と呼んでおきたいのですが，子どもたちに覚えてほしい基本表現は正しい表現であるべきことは言うまでもありません。例えば，

　　Do you like bananas?　（バナナは好きですか。）
　　Yes, I do. I like bananas very much./ No, I don't. I like apples.
　　（はい，バナナが大好きです。/いいえ，リンゴが好きです。）

という「基本表現」が今日のターゲット英語だとします。この会話文を黒板の適当なところに貼り出しておくか，『キーセンテンス・ボード』を使って貼り出しておくのです（Q35を参照）。教師は常にこの貼り出しておいたターゲット英語を見ながら指導していけば，正しい英語を教えることができます。

　一方，指導するときに使う自分自身の英語表現ですが，「ASA（Anchor-Search Approach）」方式を取ったらよいのではないでしょうか。まず，自分の知っている英語で表現してみる（アンカーを降ろす）。次に，通じたかどうか，子どもたちの反応を見る（サーチする）。通じないと思われたら，再度，表現してみるか，表現を修正するか，別の表現をしてみるというアプローチです。ALTとティーム・ティーチングをしているときなら，通じないときには，その場でALTからアドバイスを得ると最適です。

　ASA方式は，教師自身が自分の英語表現力をより良いものにしていくのに役立つばかりではなく，子どもたちにとっても大いに役立つものです。

〔冠詞（a, the）に気を付ける〕
　一般的に言って，最初に出てくるときはaを付け，その後はtheになります。抽象的なもの，例えば，love, justice, happinessのような名詞には，原則として，冠詞は付けません。
1）　go to school (church, work) には, the は付きません。play soccer (baseball, tennis, basketball) は, the は付きませんが, play the piano (violin, guitar) などは付きます。
2）　固有名詞には the は付きませんが，次の例は例外です。
　　国名と人名には the は付きませんが，アメリカ (the United States of America, the USA) は付きます。the Golden Gate Bridge（金門橋），the British Museum（大英博物館），the Rocky Mountains（ロッキー山脈）も付きます。
3）　the Japanese のように，the をつけると「日本人は」「日本人というものは」となります。the Chinese（中国人），the British（イギリス人），the French（フランス人）などの表現も使います。

〔単数・複数表現に気を付ける〕
　数えられるものと数えられないものの区別ですが，日本語の場合と，いくつか違います。
1）　数えられるものはsまたはesを付けて複数形にしますが，fish（魚），deer（鹿），sheep（羊），salmon（サケ）は単数と複数が同形です。ただし，魚とサケは複数形もあります。
2）　shoes（くつ），pants（ずぼん），glasses（めがね），gloves（てぶくろ）などは，いつも複数です。単数形がないと言ってもよいのです。数えるときは，a pair of を前に付けます。two pairs of shoes（2足のくつ）です。
3）　cloud（雲）は数えられるものです。There are many clouds. という言い方ができます。luggage / baggage（荷物），furniture（家具）は集合名詞で，複数形がありません。

Q11 英語を教えるとき，日本語についても言及したいのですが，どんなことを教えたらよいのでしょうか

> **A** 英語と日本語を比較しながら教えることは，とても有益です。両者の理解を深めるものになります。

　大きく言うと，世界の言語は屈折語，膠着語，独立語に分けられます。英語は屈折語で，日本語は膠着語で，中国語は孤立語です。英語は「三人称単数現在」で動詞に"s"を付けたり，「単数・複数」をいつも気にしたり，形容詞について「原級，比較級，最上級」を練習したりします。それに対して，日本語の文法については，5段活用，上一段・下一段活用など，動詞が活用します。また，単語に「てにをは」を付けて，語順はあまり問題にしません。さらに，主語が省略されることが多く，「誰が言っているのか，わかりにくい」とも言われます。それに対して，中国語は語順が重要で，英語と「語順が同じ」と言われます。

　小学校では，主に音声を通して，まとまった「フレーズ」として英語を教えていくのですが，時折，日本語との違いについて，言及していくことは，英語の学習にとって有意義であると同時に，国語についての理解を深めることになると考えられます。

　英語の時間に日本語との比較を意識して指導すると同時に，小学校は全教科担任制ですので，その利点を生かして，国語の時間でも英語について言及すれば，指導の効果を上げることができると言えます。

　Q2で取り上げておきましたが，「日本語が十分でないのに，英語は無理」という考え方が一般的ではないでしょうか。Q15でふれますが，2014年に行った教師に対する意識調査によれば，なお，教師の英語教育に対する考えは否定的です。しかし，それこそ「言語活動重視」という観点から，英語と日本語の関連指導は重視されるべきでしょう。

〔主語と語順をめぐって〕

　子どもたちに英語と日本語の違いについて，まず気づかせたいことは，英語には「主語」があり，文章の初めにあるということです。もちろん，疑問文を指導するとき，主語は2番目になることを教えます。さらに，命令文では，主語がなく，初めに動詞が来ることを教えます。そのとき，「文型」についても，多少触れておくとよいでしょう。英語の5つの文型，すなわち，S＋V，S＋V＋C，S＋V＋O，S＋V＋O＋O，S＋V＋O＋Cについて系統的に教えることはありませんし，その必要もないのです。

　必然的に，日本語には「てにをは」があって，主語には「は」を付けることは指摘しておくとよいでしょう。国語の時間，特に，文章を書かせるときに英語の主語や文型のことを持ち出して指導するとよいでしょう。

〔疑問文と否定文について〕

　英語の疑問文の文末には「?」を付け，YES，NOで答えられる疑問文と，WH疑問文，すなわち，When, Where, Who, What, Why, Howがあります。この区別は教えることになるはずです。それに対して，日本語は文の最後に「か」を付け，「?」は付けません。英語の否定文には，文の初めの部分にNOTが付きますが，日本語は文の最後に「ない」をつけます。こうした違いにしっかりと言及して指導することが重要です。

〔冠詞と複数について〕

　日本語では冠詞の取り扱いが"あいまい"です。それに対して，英語はルールがしっかりしていて，初めて出てきたものにはaを，2度目からはtheを付けます。このルールは意識して教えるべきです。また，日本語では，単数・複数の取り扱いが"あいまい"です。それに対して，英語にはしっかりしたルールがあります。このことも，意識して教えるべきです。ただし，日本人が数えられると思うものが，英語では数えられないものである場合があるので，意識して教えることになります。

Q12 英語で"話し出せない"原因は英語がよく聞き取れないことにあると思いますが,どうしたらよいでしょうか

> **A** リスニング力がすぐ身につくという秘訣はありません。易しい英語表現に慣れることから始め,音声に慣れ,親しみましょう。

　日本人は中・高等学校で6年間,大学で2年間,英語を学びながら,なかなか英語が"話し出せない"と言われます。その理由については,いろいろなことが言われてきています。1つは,文法的に正確な英語を話さないといけないと思って,頭の中であれこれ考えていて,"話し出せない"というもっともらしい理由です。しかし,この理由は屁理屈のように思われます。文法ベースにした長文読解が受験で問われてきていて,学校で学ぶ英語は,「英語でコミュニケーションができること」が問われてきませんでした。会話ができることは"たいしたことではない"と考えられてきたからでしょう。そもそも,「英語でコミュニケーションする」という必要性がなかったのかもしれません。日本は,西洋と違って,「雄弁は銀,沈黙は金」と言われる社会だったからでしょうか。

　もう1つの理由は,英語の発音への"こだわり"にあると考えられます。英語とは,ネイティブ・スピーカーのように,アクセントやイントネーションをともなって,テンポよく話すものと考えているのではないでしょうか。極端な言い方ですが,"日本語英語"で,"ゆっくり"と話すことを恥だと考えているのではないか,と思われるのです。

　どこの教師のための英語講習会に行っても,講師はネイティブ・スピーカーで,最初から英語で"まくし立てて"いるのが現状です。これでは,話し出せるわけがないと思われます。まるで,ネイティブ・スピーカーのように話せないものは話してはいけない,という雰囲気が醸し出されています。教師のための英語講習会の在り方そのものを変革しなければならないということです。

第2章　英語の授業をするために

〔"習うより慣れろ"と言うより答えがない〕
　ある地域の教員研修会で，ALTによるワークショップの時間となりました。ALTは大変流暢な英語でテンポよく話を始めました。明らかに，研修に来ている教師たちは話を理解することができない様子でした。もちろん，英語で質問ができるわけではなく，ただ，一方的に話を聞いているふりをしているだけでした。これでは逆効果で，英語の指導に対する教師たちの不安を掻き立てているようなものでした。
　日常的に英語を聞いたり話したりする生活環境にない日本では，意識的に英語に接するよう取り組まないことには，英語を聞いたり，話したりする力は育ちません。

①　簡単な英会話のテープを毎日聞く
　数年前の話ですが，ある小学校で英語教育について研究をすることになりました。秋になって，5年生で研究授業をしようということになり，結局，50歳くらいになる学年主任が授業を引き受けるはめになりました。この主任はそれこそ真剣に取り組み，多少の英語を交えて，授業を進めていきました。
　次の年も，英語について研究授業をすることになり，誰も引き受けなかったのか，6年生になったこの学年主任がまた研究授業をしました。参観した教師たちが驚いたのは，この主任はかなりたくさんの英語を使いながら授業を進めたことでした。このことが事後の検討会で話題になりました。主任が言うのには，毎朝，登校してくる自動車の中で「同じ英語のテープ」を繰り返し聴いてきたというのです。

②　英語に慣れ親しむための多様なツール
　私たちの身の回りには英語に慣れ親しむことのできるツールがたくさんあります。テープ，タッチペン，CD，DVD，インターネットやYouTubeです。"習うより慣れろ"です。この主任のように，毎日同じ英語のテープを聴くのも一案です。

35

Q13 とてもとても，ネイティブ・スピーカーのようには発音できません。どのようにしたらうまく発音できるのでしょうか

A 優れたネイティブ・スピーカーが録音した「やさしい英語」を繰り返し，聞くことです。「タッチペン」英語教材も活用したいものです。

　誰でも，ネイティブ・スピーカーのように話せるようになりたいと思うものです。しかし，英語を母語としない人が英語を外国語として学ぶとき，実は，どうしても，その人の母語の影響は避けられません。特に，最初のころはそうです。インドでは英語が公用語ですので，インド人は英語で"まくしたて"ますが，かなり"インドなまり"の英語です。中国人は"中国なまり"の英語を話します。きっと，日本人も，特に最初は"日本なまり"の英語を話すことは避けられません。そう思えば，急に英語が気楽に話せるようになるのではないでしょうか。

　そもそも，どの言葉をとっても，発音（アクセントとイントネーションも含んで）は固有なものです。したがって，外国語を学ぶとき，時間をかけて，徐々にうまくなっていく以外に方法はありません。乳飲み子が2〜3年という長い時間の中で，母語を獲得しているのに似ています。Q2で見たように，チョムスキーは，人間は誰でもLAD（言語習得装置）を生まれながらに持っている，と言ってくれました。乳飲み子のように，豊かな言語環境は得られませんが，英語に接する時間を増やしていくよりほかに方法はありません。英語学校に通うことができればよいのですが，それもままならないと思います。そこで，英語のCDを何度も聞くことをお勧めします。今では，どの英語会話の本にもCDがついていますので，同じ会話文を繰り返し，繰り返し聞くことが大切です。自動車を運転しながら，毎朝，通勤時に聞いてはどうですか。また，「タッチペン」と呼ばれる教材も有効です。同じ単語，会話文にタッチすると，何度でも，繰り返し聞くことができるペンです。

第 2 章　英語の授業をするために

〔"w" と "r" の発音〕（コラム 3，p.50 参照）
　w と r の発音がうまくできるようになると，英語らしく聞こえるようになります。"r" はよく "l" と対比して，発音が問題になります。right と light，rent と lent，rice と lice です。"r" の付く言葉は極めてたくさんあります。rain，rock，ready，raise，rule などです。もう 1 つ "w" が付く言葉も極めてたくさんあります。want，wet，west，wood，window などに，さらに，what，when，where，why などがあります。"r" も "w" も発音することは難しいのですが，"ウ" の口をして，発音するのがコツです。

〔"f" と "v" の発音〕（コラム 4，p.72 参照）
　また，f と v の発音がうまくできるようになると，英語らしく聞こえるようになります。"f" の付く単語もたくさんあります。fine，find，finish，food，foot などです。"v" は日本語にない音です。violin，volleyball，five などです。よく知られているように，下唇を軽く噛む形で，f は "フ"，v は "ブ" と発音します

〔"th" と "sh" の発音〕（コラム 5，p.98 参照）
　英語では th と ss はともに "ス" と発音します。math と mass，path と pass，myth と miss です。しかし，th の音は日本語にないのですが，英語では極めて多いのです。冠詞の the は常に出てきます。this，that も常に出てきます。thank you もそうです。ご存知の通り，舌を歯と歯の間に入れて，あるいは，上あごに付けて，"ス" と発音します。また，sh の発音は，日本語の場合以上に，強くするのがコツです。

〔"er/ir/ur" と "ar" と "or" の発音〕（コラム 6，p.120 参照）
　この 3 つのグループの発音を意識して発音すると，英語がさらに楽しくなります。"er" は teacher，master など数が多く，"ir/ur" は girl，nurse などで，共に，巻き舌にして "アー" と発音します。それに対して，"ar" は car，park などで，口を大きくあけて "アー" と発音します。"or" の発音は tutor，doctor と pork，fork と word，work の 3 種類になります。

Q14 英語では，アクセントやイントネーションが重要と言われますが，どのように指導したらよいのでしょうか

> **A** アクセントは単語ごとに繰り返し，イントネーションは定まったルールに従って指導します。

よく言われるように，日本語は，英語のような強弱アクセントではありません。日本語は，雨と飴，橋と箸のように，高低アクセントです。それに対して，英語では，すべての単語に強弱アクセントがあります。原則として，英語の単語は最初を強く発音します。アクセントは語頭にあると考えてください。短い単語はすべて最初を強く発音します。例えば，apple や orange は最初の母音を強く発音します。

2番目の母音にアクセントを置く単語は注意してください。例えば，banana や tomato は2番目の na, ma を強く発音します。教師が発音し，子どもたちに意識的に繰り返し発音させ，慣れさせる必要があります。2つの単語が1つになってできている単語，例えば，grapefruit, strawberry, baseball, football, homework, supermarket などは，前の単語を強く発音します。また，よく使う言葉ではないのですが，接頭語が付いた単語は要注意で，2番目の母音にアクセントを置きます。例えば，(re)open, (re)peat, (pre)fer, (co)operate, (con)sider などです。

初めのころに出てくる単語には多くありませんが，長い単語は後ろの方にアクセントが来るものがあります。education がその例です。cate で終わる動詞は，tion を付けて名詞にしますが，アクセントは tion の前の母音に置かれます。

イントネーションは文の抑揚ですが，原則として，どの文も，最後は「下がり」ます。ただし，be 動詞(am, is, are, was, were)および，助動詞(do, does, did, will, would, can, could, may, might, must)で始まる疑問文は最後が「上がり」ます。この場合は，必ず Yes あるいは，No で答えます。

〔2番目以後の母音にアクセントがある単語〕
(1) 下の単語にアクセントをつけて，発音してください。
   potato, tomato, banana, cafeteria, antenna, assistant, ballerina, musician, magician, gorilla, koala, computer, Japan, piano, America, Brazil, Hawaii, international
(2) 数字と月の名称です。アクセントをつけて，発音してください。
   thirteen, fourteen, fifteen, sixteen, seventeen, eighteen, nineteen, September, October, November, December

〔イントネーション〕
(1) 一般的には，文末は「下がり（falling intonation）」ます。
   I like it. I don't like it. I have a question.
   That's OK. That's all right. Don't worry. Don't give up.
   Don't touch. Don't forget your homework.
   Make groups of four. Make a circle. Make a line.
   Wait a moment. Please stand up. Quiet, please.
   One more, please. What do you think? What are you doing?
   What time is it now? Where is my pen? When is your birthday?
   How old are you?
(2) be動詞，助動詞で始まる疑問文は文末が「上がり（rising intonation）」ます。
   Are there any questions? Any questions? Any comments?
   Any ideas? Any volunteers? Are you happy? Are you OK?
   Are you ready? Are you done? Are you sure?
   Do you have a fever? Do you understand? Do you remember?
   Can you say it in English? Can you hear?
(3) 文末にくる付加疑問文（tag question）は，同意を求めるときは「上がり」，確認を求めるときは「下がり」ます。
   You join us, don't you? You do not join us, do you?
   It is beautiful, isn't it? It is not beautiful, is it?

コラム 2

ターゲット英語（Target English）

　英語学校のプログラムは大学入試や留学を目指している人，あるいは，単に日常英会話を学びたいと考えている人をターゲットにして，組まれているようです。しかし，小学校で英語を教えようとしている教師は，的を絞って，英語を習得すべきです。文科省の中央研修でのプログラムがその典型ですが，研修期間や受講者のこともあり，的が絞られ過ぎている感じがします。英米で TESOL（英語を母語としない子どもの英語教育資格）プログラムは，日常英語が既にできることを前提としていて，日本の小学校教師には適切ではありません。

　　ターゲット英語　＝　基本表現＋単語（約 400）
　《Target English = Key Sentences ＋ Words（about 400）》

　英語力を身につけたいと願う小学校教師は，的を絞った「ターゲット英語」というコンセプトを意識して，英語を学ぶべきだと考えます。コアを構成する英語は言うまでもなく，指導する「基本表現（key sentence）」と「単語（word）」です。英語教科書に出てくる基本文と英単語です。教材研究をしながら，基本文と英単語について研究し，教師自身が習得していきます。（授業では，Q 35 で示すように『キーセンテンス・ボード』を使います。）
　次に，授業をするのに必要な「教室英語（Classroom English）」です。教師が行う指示や発問や評価に関する発言です。また，教師は学習活動を管理・運営していかなければなりませんので，このことに係る英語です。繰り返し使う言葉で，多くはありません。
　最後に，一般的な「会話表現（conversation）」が位置づけられます。
　教師は「ターゲット英語」と「教室英語」の習得に絞るべきです。

第3章

小学校の英語の現状と改革の方向

Q15 教師は小学校段階の英語教育の導入について，どう考えているのでしょうか

> **A** 英語教育の導入について，なお，慎重な意見が多いのですが，反対意見は減少傾向にあります。

　私たちは，2006年と2014年に2度にわたって『教育改革に関する教員の意識調査』を行い，小学校の英語教育について同じ7つの項目で尋ねています。

　まず，国語教育と比較して，英語教育の導入について賛成か，反対かを尋ねていますが，2006年の調査では，「国語教育に力を入れるべきだ」という意見に賛成の教師は69.6％を占めたのに対して，2014年の調査では，45.8％と減少しています。2006年では，「どちらでもない」と答えている教師は25.1％で，2014年では48.3％であり，中立の立場を取る教師が2倍に増加しています。この意見に反対の教師は4.8％であったのに対して，2014年では5.9％です。国語教育を重視する立場を取る教師が減り，中立の立場を取るようになってきている，と言えます。言い換えると，英語教育の導入に賛成とは言わないが，といって，反対するわけでない教師が大きく増えた，と言えます。

　次に，「英語を教科として加えること」について賛成か，反対かを尋ねていますが，2006年の調査では，賛成が15.6％であったのに対して，2014年では22.2％とやや増加しています。それに対して，反対は，2006年では57.5％で，2014年では33.9％で，反対する教師がほぼ半減しています。

　グローバル化する世界にあって，「国語至上主義（Japanese Only）」が，徐々に，後退している姿を読み取ることができます。

第3章　小学校の英語の現状と改革の方向

〔『教育改革に関する教員の意識調査』(2014年)〕
　この調査の代表者は武内清上智大学名誉教授で，報告書は「中央教育研究所」から出されています。全国の小中学校2500校（回答者各校1名）に調査を依頼し，1020人より回答（回収率40.8％）を得ました。

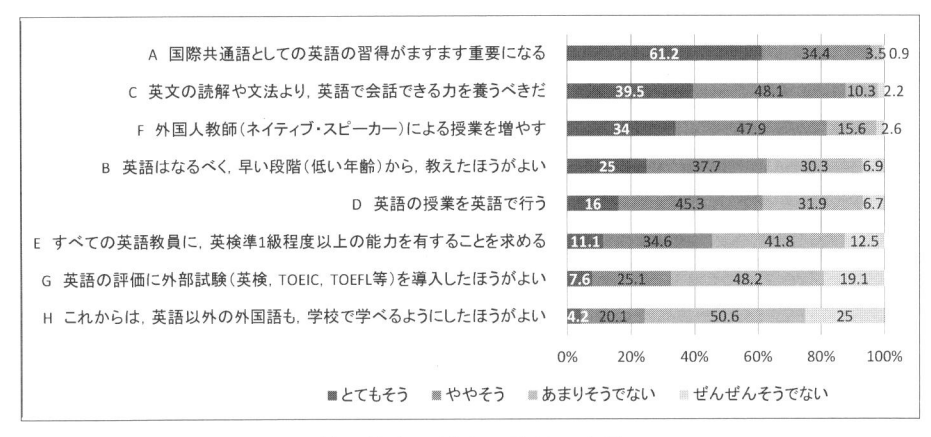

項目	とてもそう	ややそう	あまりそうでない	ぜんぜんそうでない
A 国際共通語としての英語の習得がますます重要になる	61.2	34.4	3.5	0.9
C 英文の読解や文法より，英語で会話できる力を養うべきだ	39.5	48.1	10.3	2.2
F 外国人教師（ネイティブ・スピーカー）による授業を増やす	34	47.9	15.6	2.6
B 英語はなるべく，早い段階（低い年齢）から，教えたほうがよい	25	37.7	30.3	6.9
D 英語の授業を英語で行う	16	45.3	31.9	6.7
E すべての英語教員に，英検準1級程度以上の能力を有することを求める	11.1	34.6	41.8	12.5
G 英語の評価に外部試験（英検，TOEIC, TOEFL等）を導入したほうがよい	7.6	25.1	48.2	19.1
H これからは，英語以外の外国語も，学校で学べるようにしたほうがよい	4.2	20.1	50.6	25

英語教育に対する教員の意識

　「国際共通語としての英語」の重要性は「とてもそう」と「ややそう」を合わせると，95.6％に達し，ほとんどの教師が重要性を認識していると言えます。しかし，「早い段階（低い年齢）から」の英語教育の導入については，「とてもそう」「ややそう」合わせて62.7％で，慎重な教師がまだ4割近くいます。

　他方，「外国人教師（ネイティブ・スピーカー）による授業を増やす」ということへの期待は，「とてもそう」「ややそう」合わせて，81.9％と高く，日本人教師が英語を教えることや学級担任が教えることを想定していないように見えます。しかし，小学校の3，4年から週1時間「英語活動」が始まり，5，6年からは週2～3時間「教科としての英語」が始まるとなると，とても，それを満たす外国人教師を雇用することはできないと考えられます。このことと関連するかと思われるのですが，「英語の授業を英語で行う」ことに対する賛成は，「とてもそう」と「ややそう」を合わせても，61.3％に過ぎません。

43

Q16 小学校への英語教育の導入には反対論が強かったと思いますが，反対論は克服されたのでしょうか

> **A** グローバル化する今日の世界にあって，小学校段階への英語教育の導入は世界的傾向です。

今日の英語教育改革の源泉は平成14年（2002年）7月の「『英語が使える日本人』の育成のための行動計画」にあると言えます。この行動計画は，中学校卒業時の英語力を英検3級，高校卒業時のそれを準2級〜2級と定め，高校や大学入試に外部試験の活用を提案し，英語教師の資格を英検準1級以上に求めることを提案しています。この時点では，中学・高校の英語教育が主な議題になっていて，小学校の英語教育について，「実態調査」を行い，3年ほどかけて検討するとしているにすぎません。

小学校への英語教育導入についての反対論は，近年，急速に縮小されてきたと言ってよいでしょう。平成26年（2014年）9月，『今後の英語教育の改善・充実方策について（報告）―グローバル化に対応した英語教育改革の5つの提言―』は今日の改革のグランド・デザインと言ってよいでしょう。

第1の提言「国が示す教育目標・内容の改善」で，中学校卒業時の英語力を英検3級，高校卒業時のそれを準2級〜2級にすることを追認し，小学校の英語に「読む・書く」能力を加えることを提言しています。第2の提言「学校における指導と評価の改善」で，中・高校の授業は英語で行うこと，評価は「CAN‐DO」リストによって行うこと，小学校の英語を「教科化」することを提案しています。第3の提言は高校・大学入試に外部試験を採用することを追認して，第4の提言はICTの活用と「デジタル教科書」の導入を提案し，第5の提言は英語教師の持つべき英語力として「準1級」を要求するというものです。

〔反対論の減少〕

　たしかに，小学校への英語教育の導入が検討され始めた2000年代の初め，国論を2分するほど，反対論が強力でした。今では想像するのも難しいほどです。特に，モノリンガル主義（monolingualism）の反対論は政治的立場を越えて，左右の立場が一緒になって展開されました。英語に対して戦時中言われた「英語は敵性語」に通じる感覚を背景にして，「言語は思考，思想そのものですから，その言葉を話すということは，少なからず，その言語の持つ思想をとりこむということです」「日本は言語を奪われた経験がないからだ」というものです。

　どの国をとっても，特に，欧米諸国では，モノリンガル主義が強力で，"English (French) Only" という言語政策が，外国人同化策（assimilation）と共に，長く採用されてきました。多民族国家では，言語政策が常に政治的課題でした。しかし，今日では，EU諸国のように，多言語・多文化主義（multilingualism・multiculturalism）が主流になってきています。

〔推進論の増大〕

　Q3で見たように，船橋洋一の『あえて英語公用語論』（2000年）は大きなインパクトを与えました。もともと，貿易立国を標榜する国が他国と交渉する手段を軽視することはできないことであり，国々がますます相互依存関係を深めるグローバルな世界にあっては，国際共通語としての英語の存在を無視することはできないことなのです。経済の高度成長期の終焉が感じられた平成12年（2000年）は，好むと好まざるとにかかわらず英語が国際的なコミュニケーションの手段として認知された年と言ってもよいかもしれません。平成14年（2002年）7月には，「『英語が使える日本人』の育成のための行動計画」が発表されました。

　今日，ほとんどの国際会議では，作業言語（working language）として英語が用いられていることは周知のところです。

Q17 「中教審」の小学校英語に関する部会では，どんなことが検討されていくのでしょうか

> **A** 平成27年8月5日に次期学習指導要領の原案が示されました。今後，詳細な検討が加えられることでしょう。

　今後，「中教審」で，英語の教育課程や教員養成について検討されることになっています。具体的には，まず，英語の授業時数のことですが，平成32年度（2020年度）から小学校3，4年は週1時間，5，6年は週2〜3時間の授業が予定されています。しかし，授業数を増やす余地は少なく，中教審で協議することになっています。

　また，カリキュラムをどのようなものにするのか，はっきりしていません。平成27・28年度『英語教育強化地域拠点事業』の中での実践・研究を通して，カリキュラムづくりが進められようとしています。

　現段階でイメージできることは，現在行われている5，6年の週1時間の「英語活動」を3，4年に前倒ししてくるというものです。「聞く・話す」活動に重きを置き，学級担任がALTや外部講師を活用したティーム・ティーチングを行うというものです。多分，現在の『Hi, Friends! 1, 2』が使われることになるでしょう。しかし，Q41で見るように，韓国の教科書は極めて充実したものですので，現在の『Hi, Friends! 1, 2』とそれに続く5，6年用の教科書はより充実したものにすべきでしょう。

　このように，2年間，前倒しされると考えられます。他方，5，6年は週2〜3時間の「教科としての英語」の授業が行われるでしょう。「聞く・話す」活動に加えて，「読む・書く」活動が行われ，学級担任，英語の専科教師，ALTや外部講師を活用した授業が考えられているようです。「教科化」されますので，教科書が作られ，成績が付けられることになります。

〔次期学習指導要領（原案）に見る外国語（平成 27 年 8 月 5 日）〕

　次に引用する 3 点をめぐって，中教審で，今後，検討されていくのでしょう。

1. ①各学校段階の学びを接続させる，②「英語を使って何ができるようになるか」という観点から一貫した教育目標（4 技能に係る具体的な指標の形式の目標を含む）を設定し，それに基づき，英語を「どのように使うか」，英語を通して「どのように社会・世界と関わり，よりよい人生を送るか」という観点から，児童生徒が主体的に学習に取り組む態度を含めた学習・指導方法，評価方法の改善・充実を図っていくこと，③これを踏まえ，各学校が具体的な学習到達目標（CAN‐DO 形式）を設定し，児童生徒にどのような英語力が身につくか，英語を用いて何ができるようになるかなどが明確になり，指導と多面的な評価の一体化とそれらの改善が図られる。

2. 小学校段階においては，高学年の「外国語活動」の充実により，児童の高い学習意欲，中学生の変容などの成果が認められる一方で，①音声中心で学んだことが，中学校の段階で音声から文字への学習に円滑に接続されていない，②国語と英語の音声の違いや英語の発音と綴りの関係や文構造の学習において課題がある，③高学年は，児童の抽象的な思考力が高まる段階であり体系的な学習が求められることなどが課題として指摘されている。

3. 中学年から「聞く」「話す」を中心とした外国語活動を通じて外国語に慣れ親しみ学習への動機付けを高めた上で，高学年から発達段階に応じて 4 技能を総合的・系統的に扱う教科学習を行う必要がある。その際，これまでの課題に対応した教科化に向けて，新たに①アルファベットの文字や単語などの認識，②国語と英語の音声の違いやそれぞれの特徴への気付き，③語順の違いなど文構造への気付き等を促す指導を行うために必要な時間を確保することが必要である。

Q18 英語のデジタル教科書ができてくれば，単に画面を操作すれば，授業はこなせるのではないでしょうか

A 指導内容（ターゲット英語）を理解したうえで，臨場感をもって英語で指導したいものです。

　英語に限りませんが，デジタル教科書は写真や図などの部分を拡大して見せてくれる機能や，特に，写真の部分を動画として詳細に見せてくれる機能があります。さらに，編集の機能（エディチング）もあります。例えば，ある単語，あるいは，ある文章にマークをつけ，発音させたりできます。言うまでもありませんが，デジタル教科書は従来の紙の教科書をはるかに超える機能をもつものです。

　「教科化」された英語には，教科書の使用が義務づけられるはずです。もちろん，成績も付けることになります。英語の教科化は，今の予定では，2020年度から考えられています。現在の5，6年の英語活動のレベルを超えて，より充実したものになることはたしかでしょう。紙の教科書はなくなり，デジタル教科書だけかもしれません。

　デジタル教科書に，教師用のマニュアル（指導書）が作られるでしょう。したがって，全く英語に疎い教師でも，マニュアルに従ってデジタル教科書を「操作」していけば，英語の授業ができるかもしれません。必要とされるネイティブ・スピーカーや外部講師を確保することは難しいと考えられますので，学級担任による，マニュアルに従ってデジタル教科書を「操作」した英語の授業が一般化するかもしれません。

　それにしても，各単元の「ターゲット英語（指導内容）」を理解しないと，デジタル教科書の操作もままならないでしょう。さらに，操作しながら，英語で指示したり，学習活動について説明したりしたいものです。また，子どもたちの活動に対して英語で示唆を与えたいものです。

第3章　小学校の英語の現状と改革の方向

〔デジタル教科書の操作に必要な英語表現〕

Now I am going to make this picture larger.
（はい，この絵を拡大してみます。）
Well, I will make this scene bigger. Can you see clearly?　Where is this?
（では，この場面を拡大してみます。よく見えますか。ここはどこですか。）
Then, let's move on the next picture. What is this picture about?
（次の絵に移ります。この絵はなんですか。）
Let's read this part again. You follow it.
（もう一度，読んでいただきます。一緒に読んでみましょう。）
Let's read this part on the board again. Can you understand it?
（もう一度，ここを読んでみましょう。言われたこと，わかりますか。）

〔学習活動を指示するのに必要な英語表現〕

How many words are there on the board?
（黒板には，いくつ単語がありますか。）
Then, write these words five times in your notebook.
（では，黒板にある単語を，5回ずつ，ノートに書いてみましょう。）
Next, look at the board. Fill in the gaps to complete the sentences.
（次に，黒板を見て，2つの文章に言葉を入れ，完成させてください。）

　　This is (　　　　). There is (　　　　) in the basket.
　　（これは (　　　　) です。籠の中に (　　　　) があります。）

Practice saying these sentences out loud, and try to remember them.
（これら2つの文章を，何度も言って，暗記しましょう。）

　　I like apples. I like apples very much.
　　（私はリンゴが好きです。私はリンゴが大好きです。）
　　You like bananas. You like bananas very much.
　　（あなたはバナナが好きです。あなたはバナナが大好きです。）

コラム 3

英語の発音練習① "w" & "r" list

Q 13で述べたように，"w"と"r"のついた単語の発音ができるようになると，一層，英語らしく聞こえます。繰り返し練習しましょう。

1 "w" word list

(1) what, watermelon, weather, winter, Wednesday, watch, white
(2) who, when, where, why, was, were, wind, window, wood, wooden, wool
(3) swim, Hawaii, sandwich, WWW: World Wide Wave, "Wild Wide West"

2 "r" word list

(4) rice, rice ball, radio, roof, restaurant, rabbit, reindeer, room, run, rain, rainy, raincoat, rose, rosy, right,（write）
(5) carrot, grape, grapefruit, green, bread, breakfast, trash, drugstore, grass, grandfather, grandmother, gray, green, orange, crow, truck, train, travel, drill, trip, spring, France, French, Korea, Korean, America, American, Australia, Australian, Austria, Austrian, Brazil, Brazilian

3 "what, who, when, where, why"で始まる教室英語

(6) What?（なに。） What is this?（これは何ですか。）
What is your name?（あなたの名前は。）
What's your hobby?（あなたの趣味は何ですか。）
What do you think?（どう思いますか。）
What are you doing?（何をしているのですか。）
What time is it now?（今何時ですか。）
What's the matter with you?（何か問題がありますか。）
Who won?（誰が勝ったの。）
Where is my pen?（私のペンはどこ。）
When is your birthday?（いつが誕生日ですか。）
Who needs help?（助けが必要な人は誰ですか。）
When should we finish?（いつまでに終わらせるべきですか。）
Whose turn?（誰の番ですか。）
Why can you say that?（なぜそう言えるのですか。）

第4章

英語で授業をする

Q19 英語で授業をするために,どのようなことに留意して,自分の英語力を高めたらよいのでしょうか

> **A** 「ターゲット英語」について理解し,他方,「教室英語」を習得し,英語に慣れ親しむ努力をしたいものです。

　教師は誰しも,中学校と高等学校で英語を習い,大学で少なくとも8単位の英語を修得しているはずです。とは言え,一般的に言って,英語に自信があるわけではないでしょう。英語を教えるとなると,しり込みしてしまうでしょう。まして,「英語で英語を教える」となると,多くの教師は全く自信がないのが当然です。英語科の学生や卒業生の場合と違って,教育学科や児童学科を卒業した小学校教師の場合は,しり込みするのも当然です。

　しかし,英語が好きだという教師は少なからずいるでしょうし,英語を学びたい,英語で話したいと思っている教師はかなり多いはずです。特に,世代的に言って,若い教師には多いはずです。

　「英語」と一般的に言うのではなく,小学校で英語を教えるとして「小学校英語」を意識してみたいのです。当然のことですが,教えるべき英語があります。これを「ターゲット英語（Target English）」(29,40ページ参照)と名付けておきました。コミュニケーションの素地を目指す小学校英語ですから,そんなに難しい英語ではありません。そのことは現在の『Hi, Friends!』を見ればよくわかります。

　他方,授業を行うのに必要な英語があります。教室を管理し,授業を進行するために必要な英語です。これを「教室英語」と名付けておきます。

　この両者の英語をめぐって,英語力を高めたいものです。特に,「教室英語」に慣れ親しむように,努力したいものです。さらに,英語のテープやCDやDVDを聞く機会をもったり,できることなら英語学校に通うことができれば最高です。

第4章　英語で授業をする

〔既知の単語や表現をベースに置く〕

　近年のカタカナ語の氾濫には驚かせられます。日本人にはとてもうまく発音できない言葉までカタカナ語になってきています。これら急増する外来語はほとんど英語です。単語としては，アクセントに気を付ければほとんど英語として使えます。そう考えてカタカナ語に注目してみてください。改めて，日本語になっている英語を数えてみると，全部で873語にもなります。半数は名詞で，副詞はあまりありません。ちなみに，「子どもたちが知っていると思われる英単語（カタカナ英語）リスト（300語）」を付録2に掲載しておきました。

　次に，教師はかなり多く知っていると思われるのですが，2～3語でできている短い英語文を知っているはずです。イントネーションが問題ですが，口に出して言うことをしないだけです。ちなみに，付録1に掲載した「教師のための教室英語」を見てみてください。教師はかなり多くの表現を知っているはずです。

　要は，声に出して言うという機会がないだけです。日本にいる限り，その必要性がないのです。子どもたちに英語を教えなければならないと覚悟して，口に出して何度も繰り返して言ってみてください。

〔ターゲット英語に集中して練習する〕

　繰り返しになりますが，子どもたちに教える「基本表現」を何度も，繰り返し口に出して言ってみてください。基本表現ですので，日常生活に必要な表現ばかりです。翻訳して意味を考えなければならない表現は1つもありません。テープやCDも作られています。毎日のように，聞いてみてください。

　同僚なり，友人なりと一緒に学ぶことができればさらによいのですが，それは難しいので，時間を決めて，同じテープを何度も繰り返し，聞くことです。難しい英語表現は不要です。よく言われるように，中学校の英語ができれば，十分なのです。

Q20 第3学年から英語教育が始まるとして、どのような教科書が考えられるのでしょうか

A 小学校4年間の指導内容の一貫性や、中学校の指導内容との関わりが検討され、小中一貫した英語教科書が編集されることになるでしょう。

Q17で見たように、次期学習指導要領の原案が示されましたが、教科書作成、それに伴う教科書検定につながる情報は限られています。なにより、授業時数が3，4年で年間35時間、5，6年で70時間と言われていますが、定まったものではありません。平成27年4月に文科省から出された文書には、5，6年は週2～3時間程度とあり、8月5日に出された資料には、年間70時間とあり、注として「具体的な小学校の授業時数については、年内～年明けを目途に教育課程全体の構成とともに検討を進め、一定の方向性を提示」とあります。

英語の教育課程（カリキュラム）を作成するためには、スコープ（範囲）やシークエンス（順序）をどうするのか、検討する必要があります。スコープを語彙数から考えてみると現時点では、小学校で学ぶ語彙数は400程度とのことです。言うまでもなく、文章は語彙から構成されるものですので、語彙は重要な要素です。高学年では、「読む・書く」能力を育てることも目指すことになりましたので、400の語彙から構成される文章が読め、書けるような教科書になるでしょう。

シークエンスですが、現在の5，6年の英語活動を支える『Hi, Friends! 1, 2』が3，4年の新しい「英語活動」のための教科書に前倒しされるかもしれません。他方、5，6年の「教科としての英語」の教科書が改めて作成されると予想されます。

小学校での英語教育が充実されてくると、当然、中学校、ひいては高等学校の英語教育は今まで以上に高度化されていくものと考えられます。当面，中学校卒業段階で英検3級程度の学力を目指すと言われていますが、それに伴って教科書も大きく変化するのではないかと考えられます。

第4章　英語で授業をする

〔5・6年の教科型英語のための教科書の方向〕

　平成 26 年（2014 年）9 月 26 日に出された『英語教育の在り方に関する有識者会議審議』（報告）によると，『Hi, Friends!』はよく使われているが，中学 1 年生を対象とした調査によれば，「音声中心に学んだことが，中学校での段階で音声から文字への学習に円滑に接続されていないこと，発音と綴りの関係や文構造の学習に課題があるなどの指摘があった」と言われています。

　続いて，「小学校高学年大会において，文字の取り扱いや文構造への気づきなど，中学校との接触を意識した指導に有効な教科書・教材が必要である」と言う。言い換えると，平成 32 年（2020 年）までには，400 語程度の英単語や，それらの英単語から構成される英文を「読んだり，書いたりする」学習，さらに，簡単な「英語文法」に触れた教科書が作成される，ということです。

〔教科化され，教科書が整備されるまでの間の「補助教材」〕

　次期学習指導要領が作成され，それに基づいて，教科書ができ，その教科書を用いて行われる授業は平成 32 年（2020 年）4 月とすると，それまでの移行期の間の教材が必要になります。文部科学省は順次「補助教材」を作成し，配布していくと言っています。

　平成 27 年（2015 年）4 月に出された『H27・28 年度「英語教育強化地域拠点事業」地域の小学校における教科化に向けた実践・検証（イメージ）』によれば，題材は現在の『Hi, friends! 2』にある題材を充実・拡大するものとなっています。中でも，Lesson2 の「行事・月日」の題材の例をあげています。移行期の補助教材では，「日本の祭りや行事を月ごとに取り上げ，友達と積極的に話す」から「日本の行事に加え，地元の伝統行事，文化財，地場産物など，英語を通じて『ふるさとの魅力』に興味を持ち，自分なりに英語で説明できるようにする」へ移行させるとしています。さらに，ワークシート，デジタル教材，また，「語順の違いなどの文構造への気付き（絵本）」の例も示されています。

Q21 英語の指導法には，どのようなものがあるのでしょうか

A 大きく言って，「オーラル・アプローチ」と「コミュニカティブ・アプローチ」と言われる2つの指導法があります。

　歴史的には，教師が「読み」，子どもが「暗唱（memorization）」するという指導法が長く取られてきました。そこには，「門前の小僧，習わぬ経を読む」と言われるように，何度も聞いているうちに読み方を覚えるという原理があります。特に，今までに聞いたことのない外国語の学習では，今日なお，用いられている基本的な指導法です。ネイティブ・スピーカーが単語や文章を読み，それを「まねて読み，覚える」という学習活動です。

　「フォニックス（Phonics）」は英語圏で用いられている指導法です。英語において，綴り字と発音との間にある規則性を明示し，正しい読み方の学習を容易にさせる方法の一つです。例えば「発音［k（ク）］は c, k, ck のどれかで書かれる」のように，ある発音がどの文字と結び付いているかを学び，それらの文字の発音を組み合わせて，知らない単語の正しい発音を組み立てる方法を学ぶのです。例えば，cat は c を［k（ク）］，a を［æ（ア）］，t を［t（ト）］と発音し，続けて，キャットと読む要領です。特に米英人の教師が教えている英語塾（教室）では，「フォニックス」が主な指導法です。テキストも「フォニックス」を前提としたものを使っています。

　それに対して，外国語として英語を学ぶ人たちのためには，戦後，「オーラル・アプローチ（Oral Approach）」が導入され，近年，「コミュニカティブ・アプローチ（Communicative Approach）」が一般的になってきています。実際の授業では両方共に使われています。

〔オーラル・アプローチ（Oral Approach）〕

　オーラル・アプローチは「オーディオリンガル・メソッド（Audiolingual Method）」とか，「パターン・プラクティス（Pattern Practice）」とも言われます。音声（聞くことと話すこと）を重視する指導法で，基礎構文を反復練習することによって，英語を学ぼうとする方法です。文型練習法とも言われます。

　This is a book. という基礎的文型を"音声"を通して学びます。教師がこの文を読み，子どもがそれを聞いて繰り返します。何度か繰り返したところで，教師は This is a book on the table. という文に変化させます。それを子どもが繰り返します。さらに，This is a book by the table. に変化させ，それを子どもが繰り返します。このような学習を通して，一定の形（パターン）の英語に慣れていくというわけです。

　一斉授業に合った指導法ですし，正しい発音を学ぶこともできますので有効な指導法ですが，機械的なパターンの練習に終わってしまって，実際のコミュニケーションにあまり役立たないと批判されます。

〔コミュニカティブ・アプローチ（Communicative Approach）〕

　今日の教科書は"実際の会話"を想定して作られています。例えば，Hi, I'm Becky. Nice to meet you.（わたしはベッキーです。よろしくね。）というあいさつに対して，I'm Sakura. Nice to meet you, too.（わたしはさくらです。こちらこそ，よろしくね。）という会話文を学ぶ方法です。

　　Do you play the piano? Yes, I do.
　　（ピアノを弾きますか。はい，弾きます。）
　　Do you come by bike? No, I don't. I walk.
　　（自転車で来ますか。いいえ，歩きます。）
　　I like tennis very much. How about you? I prefer soccer.
　　（私はテニスが大好きです。あなたは？　サッカーのほうが好きです。）

　上のような実際の会話を想定して，学んでいます。今日の指導法はこのような「コミュニカティブ・アプローチ」が一般的です。

Q22 英語活動（指導）のための「単元活動（指導）計画」や「本時の活動（指導）案」はどのように書くべきでしょうか

A 「単元活動（指導）計画」や「本時の活動（指導）案」について，ほぼ定まった形式がありますが，創意工夫して，書くべきでしょう。

　現段階では，はっきりしているわけではありませんが，平成32年度（2020年度）から実施される新しい英語教育は，Q17でも触れましたが，現在5，6年で行われている英語教育，すなわち，「聞く・話す」活動中心という在り方が3，4年に降りてきて，5，6年には「読む・書く」という活動が加わるものと予想されます。

　したがって，中学年と高学年では，年間計画に基づく「単元計画（Unit Plan）」の書き方が違ってくる，と考えられます。まず，中学年では「単元活動計画」と「本時の活動案」，高学年では「単元指導計画」と「本時の指導案」という名称になるかもしれません。

　また，「単元計画」に関して，例えば，(1)単元名，(2)単元目標，(3)活動（指導）内容（基本表現と主な語彙など），(4)教材・教具，(5)活動（指導）計画（毎校時の計画概要）という構成を考えることとすると，中学年と高学年では，書き方が変わってきます。

　次に，こうした違いを反映させて，「本時の活動（指導）案（Lesson Plan）」を書くことになるでしょう。最初の「Greeting」，それに続く「Warm up」はあまり違わないと考えられますが，「Activity」や最後のまとめについては，中学年と高学年ではかなり違ってくると考えられます。ポイントは，高学年に「読む・書く」技能の育成が加わるという点です。最後のまとめは「Wrap up (Review)」として，本時で学んだ「読む・書く」を復習する活動に当てるのも一案ではないかと考えます。

第4章　英語で授業をする

〔本時の活動（指導）案の形式（例）〕
＜活動（指導）案＞
　　単元名：　　　　　　　　　　　　　　　（第　学年　□/□　時間）

		担任 Homeroom teacher	児童 Students	教材・教具
あいさつ	Greeting （　min.）			
導入	Song Warm up （　min.）			
展開	Activity1 （　min.） Activity2 （　min.）			
まとめ	Wrap up (Review) （　min.）			

Q23 単元のための「単元活動（指導）計画」は，どのように書くべきでしょうか

A 「単元活動（指導）計画」についても，ほぼ定まった形式がありますが，各学校で創意工夫して，書くべきでしょう。

　もちろん，「単元計画」は各学校の「年間計画」に基づいて書くものです。現行の『Hi, Friends! 1, 2』は，それぞれ，「活動名」と「基本表現」を持った9つの単元（Unit）から構成されています。各学校の「年間計画」はこれらの単元を年間35時間の授業時間にどのように配分し，配分した授業時間の中で，およそどのような学習活動を展開するのか，についてのガイドラインです。「単元計画」は，このガイドラインに基づいて，各単元での学習活動をより詳しく計画したものです。

　Q17で述べたように，2020年度から施行される予定の次期学習指導要領では，英語教育は3，4年で週1時間行われ，5，6年で週2〜3時間行われると言われてきています。中学年には，「聞く・話す」技能の習得に力点を置いた現在の「英語活動」という考え方が適用され，高学年には，「聞く・話す」技能に，「読む・書く」技能が加わり，教科化された「英語指導」がなされることになると考えられます。そこで，中学年では，「年間活動計画」「単元活動計画」，高学年では，各学校の「年間指導計画」「単元指導計画」と呼ぶことになるのではないかと考えられます。

　アメリカの「コモン・コア・州スタンダード（The U.S. Common Core State Standards）」では「内容（content）」「技能（skills）」と「評価（assessment）」という形で「年間計画」が示されています。「内容」は単元のトピックで，「技能」は単元で取り扱う基本表現と語彙です。例えば，3年生のトピックは動物，食べ物，数，身体，家族，季節とスポーツ，休日などです。

第4章　英語で授業をする

〔英語活動の単元計画（例）〕

単元：Lesson 7　　What's this?　　（4年　4時間単元）

1. 単元の目標
   - 身の回りにあるものの言い方を進んで相手に伝えるようになる。
   - ものを尋ねるときの聞き方や答え方，様々な語彙に触れ慣れ親しむ。
   - 相手に尋ねたり，クイズを通じてコミュニケーションを図る。

2. 基本表現と主な語彙

   What's this?　⇒　This is ～／It's ～.
   　（質問する）　⇒　　（答える）

   cap, shoe, glove, flower, eggplant, tomato, frying pan, cup, recorder, triangle, brush, globe, map, ruler, music room, science room など

3. 教材・教具

   『Hi, Friends! 1』，電子黒板，絵カード

4. 活動計画

活動内容	中心となる活動
第1時　ものの尋ね方と答え方 ポインティングゲーム （尋ねる／答える表現に慣れよう）	チャンツ／「この絵は何？」 一斉／ペアワーク
第2時　クイズに挑戦 （英語を聞いて，見て，考えてみよう）	チャンツ／シルエットクイズ 一斉／ペアワーク
第3時　クイズを作る （身の回りの単語を使って作ってみよう）	スリーヒントクイズ／パズルクイズ 個人／グループワーク
第4時　クイズ大会 （クイズを出し合ってみよう）	グループでクイズを作り発表する グループワーク

Q24 学級担任が中心になって指導する授業は、どのような展開が考えられるでしょうか

A ペア学習や小グループ学習による「学習活動」を交えながら、学級全体を指導していく展開になります。

　英語活動の授業は、学級担任とALTあるいは外部講師によるティーム・ティーチングと考えられがちですが、実態は、ALTあるいは外部講師が指導者で、学級担任は補助者と言ってよいでしょう。次期学習指導要領では、英語教育が3年から始まり、3、4年は週1時間、5、6年は週2〜3時間行われると言われていますが、ALTあるいは外部講師に依存した今の在り方では対応しきれないことは確かです。すなわち、学級担任が中心的な指導者になっていかなくてはならないでしょう。そのために、今から準備していかなくてはならないはずです。

　Q22や23で見てきたように、年間指導計画や単元指導計画は学校として、あるいは、学年としてティームで立案していくことになります。しかし、授業は他の教科と同じように、学級担任として1人で指導していくことになります。もちろん、時に、ALTあるいは外部講師とティーム・ティーチングを行うこともあるでしょう。

　授業の流れは、Q22で見たように、今日ではかなり定型化してきています。すなわち、最初の「Greeting」「Warm up」、それに続く「Activity」、最後の「Wrap up (Review)」といったものです。

　右の例は、Q23の単元「What's this?」の第2時間目の「活導案」ですが、最初の「Greeting」、「Warm up」に10分間を当て、あいさつ表現を繰り返し、チャンツを楽しみます。「Activity」に30分間を当て、ペア学習を取り入れながら、ゲームを通して基本表現と語彙を学び、最後にあいさつをして終わるという授業展開です。

第4章　英語で授業をする

〔活動案（例）〕

＜本時の活動案＞　単元名：What's this?　（第4学年　2／4時間）

		担任 Homeroom teacher	児童 Students	電子黒板・教材
あいさつ	Greeting （5min.）	Good morning/Hello, everyone. How are you today? How is the weather today?	Good morning/Hello, Mr./Ms.…. 一斉にまたは指名で答える。 I'm fine./ sleepy…. It's fine./ cloudy….	児童の様子や天気の絵カードを貼る。
導入	Song Warm up （5min.）	Let's listen. 「聞いてください。」	チャンツに合わせて言う。 What's this? It's a cat….	電子黒板でチャンツの映像と音楽を流す。
展開	Activity and Communication 1 （15min.） Activity and Communication 2 （15min.）	「今日は，クイズをします。」 We are going to play games today. ・シルエットクイズをする。 What's this? This is a / an ～． ・ボックスクイズをする。 「あててみよう。」 Guess what? What is this? 指名して前に出た児童に，箱に手を入れてもらう。 Yes, you are right! It's an eraser. ・ペアで絵カードクイズをする。 Please get into pairs. Next, play a picture quiz with your partner. ・児童に前に出てきてもらい，絵カードを使って見本を示す。 Can anyone want to be a volunteer?	（シルエットクイズ） ・映された影から，何かを考えて答える。 It's a ～． （ボックスクイズ） ・指名されたら前に出てきて，ボックスの中のものを探り答える。 This is a ～． ・取り出して皆に見せ，もう一度正解を言う。 （絵カードクイズ） ・絵カードで聞いてみる。 ・ペアで絵カードのクイズを出し合う。 What's this? It's a ～．	・電子黒板にシルエットを写す。 ・箱に消しゴムや鉛筆など入るものを入れる。 ・教科書付属の絵カードを使う。
まとめ	Wrap up （Review） （5min.）	Please keep your picture cards for next time. OK? Good bye, everyone. See you next class!	Good bye, Mr./Ms.…. See you next class!	・絵カードをなくさないように指示／片付ける。

63

Q25 ALTの協力を得て指導する授業は，どのような展開が考えられるでしょうか

A ネイティブ・スピーカーの利点を生かして，読む・聞く活動，および，発音の練習を中心に展開するようにします。

　英語活動の授業の実態は，ALT あるいは外部講師が指導者で，学級担任は補助者と言ってよいでしょう。しかし，こうした実態では次期学習指導要領が目指す英語教育に対応することはできないでしょう。学級担任が主な指導者で，ALT の協力を得て指導する授業という在り方が追究されるべきです。もちろん，そのためには学級担任の英語力を高めなければならないことは当然です。

　繰り返しますが，今日，学級担任をしている教師は英語教育について研修を受けてきているわけではありません。他の教科は母語である日本語で指導できるのですが，英語は母語ではありません。そうした意味でも，ALT の協力を得て指導する授業という在り方は，今後，子どもたちへの英語指導にとって役立つだけでなく，学級担任自身が英語力を高める機会にもなり，極めて有意義です。

　言うまでもないことですが，ALT はネイティブ・スピーカーで，彼らにはアクセントやイントネーションといった発音の指導を期待したいのです。また，学級担任にとって難しい句読法（punctuation），変化・活用（conjugation），冠詞（a, an, the）について注意していてくれることを期待したいのです。

　右の指導案では，学級担任（HRT）と ALT は，原則として，一緒に指導する計画になっています。2人で，場面場面で工夫することになっていますが，音声指導に力点を置く授業では，ALT の役割をはっきりさせるべきでしょう。また，事前の打ち合わせで，HRT と ALT の役割分担について話し合われることが期待されます。

第4章　英語で授業をする

〔指導案（例）〕
＜本時の指導案＞　単元名：What do you want to be in the future?

（第6学年　⑤／5時間）

	活動内容	担任（HRT）	ALT
あいさつ	・始まりのあいさつをする。	・あいさつをする。	・あいさつをする。
導入	・歌 "Head, Shoulders, Knees and Toes"　Song（5分）	・児童と一緒に大きな声で歌う。	・一緒に歌う。
	・色の伝え方に親しむ。　Warm up（10分）	・児童の参加を促す。	・色の伝え方に親しませる。
		H：What color is it? A：It's _____.	
展開	・様々な職業の伝え方について親しむ。 Communication Activity 1（10分）	・ALTとデモンストレーションをする。	・HRTとデモンストレーションをする。
		H：What do you want to be in the future? A：I want to be a _____.	
	・インタビューゲームをする。 Communication Activity 2（10分）	・ALTとルールを説明する。 ・一緒にゲームに参加し、児童の活動意欲を高める。	・HRTとルールを説明する。
		例（じゃんけんをしてAが勝つ） 児童A：What do you want to be? 児童B：A soccer player! I want to be a soccer player! 　　　　How about you? 児童A：A singer! I want to be a singer! 児童B：Oh, I see. （AとBは、それぞれ相手の名前と職業名を自分のシートに書く。）	
まとめ	・基本表現・単語を繰り返し書き覚える。 Review（10分）	・ALTと分担して、机間巡視して指導する。	・HRTと分担して、机間巡視して指導する。
		What do you want to be in the future? I want to be a (doctor, teacher, nurse, singer, cook, dancer, soccer player……).	
	・終わりのあいさつをする。	・あいさつをする。	・あいさつをする。

Q26 外部講師の協力を得て指導する授業は，どのような展開が考えられるでしょうか

A 学級担任と外部講師の役割分担を明確にし，外部講師の持つ特性を生かすことのできる展開を工夫しましょう。

ALTのほかに，英語が堪能な人を地域単位で採用された「外部講師」と言われる教師が増加しています。ALTと異なる点は，大半は日本人ですから，「意思疎通」が容易であることです。したがって，授業前の打ち合わせも比較的容易で，また，授業中にどのような内容が子どもにとってわかりやすいか，あるいは，困難であるかについて，把握していただけます。外部講師が準備した指導計画について，話が聞ける上に，学級担任も授業の流れが把握でき，どこで，どのように支援すべきか，よく理解できます。

もちろん，外部講師が「聞く・話す」活動を指導し，学級担任が子どもたちの掌握に努めるという役割分担は，ALTとのティーム・ティーチングの場合と同様です。外部講師はアメリカやイギリスなど英語圏での生活が長い人が多く，また現地で高等教育を受けた方も多いのですから，今後，英語の専科教員として授業に関わるべきではないか，と考えられます。

右の事例では，外部講師が授業をリードしていて，学級担任は授業を支援する立場にあります。最初のチャンツや歌の指導，「ウォーム・アップ（Warm up）」や2つの「活動（Activity）」，最後の「まとめ（Review）」の指導でも，授業をリードするのは外部講師です。学級担任は子どもたちを掌握して，外部講師の指導を支援しています。

「Warm up」や2つの「Activity」は子どもたちがゲームを行うという「活動」ですが，最後の「Review」では学んだキーワードを「書かせ」，覚えさせています。

第 4 章　英語で授業をする

〔指導案（例）〕

＜本時の指導案＞　単元名：We are strong and brave.

(第 5 学年　3 / 5 時間)

	担任	外部講師	児童	黒板・教材
Greeting (5min.)	Hello, Ms. Ito. Hello, everyone.	Hello, everyone. How are you? I'm good. Thank you.	"Hello, Ms. Ito." "I'm fine./hungry." "How are you?"	・fine, hungry, sleepyなどのカードを黒板に貼る。
Song/ Chants (5min.) Warm up (5min.)	Ken, please come here. 「ケン君こちらに来てください。」 ・ペアになれるように席を配置する。 ・一緒に歌う。 ・列の確認をする。 Ok? you are Momotaro/ bird….	Stand up, please. Let's sing. I am Momotaro. ① Strong and brave…. ② We are good friends. ③ Let's go to Onigashima. This line. You are Momotaro/ bird…. OK?	・リズムに合わせて大きな声で歌う。 "We are strong and brave./ we are good friends …." ・列ごとにリレー式で決まった言葉を言う。	・Lesson 7 のチャンツを電子黒板に映す。 ・黒板に絵カードを貼る。 ・桃太郎に登場する動物のお面を列の先頭がかぶる。
Activity 1 (8min.) Activity 2 (12min.)	・日本語でアクティビティーの説明を入れる。怪我をしないように注意をする。 ・「ルールはわかりましたか？」 ・教室をまわり、全員参加しているかを確認する。 ・静かにさせる。 Be quiet, please.	1. 消しゴムゲーム（2人） "Please get into pairs." ④ A *kibidango*, please. ⑤ "Here you are." を繰り返す。 ベルが鳴ったら消しゴムを取る。 2. セリフゲーム（4人） さらに表現を増やして、暗記させて班で一斉にセリフを言う。 "Thank you." "You are welcome."	"A *kibidango*, please." "Here you are." ・手を頭に乗せ、消しゴムをとる。 ・2分間、自分のセリフを暗記する。 ・フレーズの暗記をして、班ごとにセリフを言う。きび団子を渡す。	・ベルを後ろに隠して鳴らす。 ・きびだんごのかわりに小さいゴムボールを渡す。
Review (10min.)	Please open your notebook. 「ノートを出してください。今日習ったことを書いてみよう。」 ・一緒にあいさつをする。	・英語をさして発音をする。①〜⑤のキーワード英語を書かせる。 "Look at the blackboard." ・終わりのあいさつをする。 "That's all for today." "Good bye, everyone." "See you next time!"	・声に出して読み、キーワード英語をノートに写す。 "Good bye, Ms. Ito." "See you next time."	・キーワード英語を黒板に貼るか、電子黒板に映す。

67

Q27 英語の授業でアクティブ・ラーニングを計画したいのですが，どんな方法がありますか

A いまでも，ペア，小グループでゲームや会話の練習をしたりしていますが，さらに，広げていく工夫をしたいものです。

　特に，欧米系のALTによる授業は，日本の教師に比べ，授業がアクティブ・ラーニングになっている，と言われています。なにより，ジェスチャーが大きく，子どもたちに対する反応が積極的です。また，自らギターを弾いて，英語の歌を歌ったりして，子どもへのサービス精神が目立ちます。したがって，「アクティブ」が活動的，活発さを意味するのなら，こうしたALTによる授業が「アクティブ」と言えるでしょう。

　アクティブ・ラーニングは子どもたちが活発に，活動的に学習する「小グループ活動，話し合い活動，身体的活動」などを意味する，と言われています。自分の席に座って，教師や友だちの話を聞き，学ぶという受け身の学習ではなく，自ら調べたり，作ったりする学習である，とも言われます。「座学」から「動学」へと学習活動を移動させることです。

　英語活動の観点からすると，(1)みんなで英語の歌やチャンツをしたり，(2)ペアで会話の練習をしたり，カード遊びをしたり，(3)小グループで自分たちの会話を録音し，聞き合ったり，(4)小グループで短文を暗記し，発表したり，(5)単語や短文を書き，発表したりするなどの学習活動がアクティブ・ラーニングです。

　しかし，英語教育の観点からすると，「インプット型」アクティブ・ラーニングと「アウトプット型」アクティブ・ラーニングに分けて，再検討することが，今日，大切です。英語の能力は「読む，書く，話す，聞く」の4つの技能に分けて考えられますが，「インプット（input）」とは自分の方に取り込むことで，「アウトプット(output)」とは自分を外に押し出すことです。

〔「インプット型」アクティブ・ラーニング〕

　したがって，「読む・聞く」ことに力点を置いた活動をアクティブにすることは「インプット型」アクティブ・ラーニングです。今までの第5，6学年の英語活動では，コミュニケーション能力の素地の育成を目指すという理由から「会話の練習」を基本的な学習活動としてきました。すなわち，「聞く・話す」という技能の育成を目指してきたのです。したがって，文字（アルファベット）の使用は奨励されないできたのです。

　これまでの日本の英語教育は伝統的に英文解釈（長文読解）に力点を置いてきましたが，コミュニケーション能力の育成に力点が移ったのですから，「聞く・話す」活動が重視されるべきことは理解できます。しかし，「読む，書く，話す，聞く」という4つの機能のバランスのとれた習得が今後目指されるべきです。

〔「アウトプット型」アクティブ・ラーニング〕

　他方，「書く，話す」ことに力点を置いた活動をアクティブにすることは「アウトプット型」アクティブ・ラーニングです。今後必要なことは英語で「自分を外に押し出す」力を育てることです。「アウトプット型」アクティブ・ラーニングを強調することです。

　英語でメモを書いたり，簡単な日記や手紙を書いたり，メールのやり取りをしたりする活動を導入するべきです。また，「話す」というと，教師に向かって決められた言い回しを言うという活動ではなく，自分の英語で友だちに話しかけたり，ALTや外部講師に話しかけたりする活動が取り入れられるべきです。

　事のついでに言うと，文科省の調査では現在行われている英語活動の58％がALTや外部講師によってなされているようですが，今後，英語教育が大幅に拡大されるとき，この比率を保つことは考えられません。ALTや外部講師の「活用」の仕方を「アウトプット型」に変えるべきです。ALTや外部講師が指導する授業は自由な「会話時間」「英語読書」「英作文」などとすることが考えられます。

Q28 教科書で指導するとしても，補助教材が必要になりますが，どのような補助教材が考えられるでしょうか

A 自分の学級の実態を考慮した「読む，書く，話す，聞く」技能を育てるための補助教材を作成したいものです。

　言うまでもないことですが，教科書は全国一律に使われることを想定して作られているものです。あるいは，教科書の示すレベルまで達成してほしいという達成基準を示しているものと言ってよいでしょう。しかし，自分の学校の地域や学級の実態は様々です。地域に英語を取り入れている保育所や幼稚園や小学生のための英語塾がかなりたくさんあり，親の英語に対する関心も高い地域がある一方，そうではない地域もあります。地域差もさることながら，学級内の差はかなり大きなものと想像されます。（なお，英語に関する全国学力調査はありません。平成27年6月26日の『全国学力調査に関する専門家会議（第1回）』で英語の調査の導入について話し合われています。）

　したがって，自分の学級の子どもたちの英語力の差に対応する補助教材が必要になります。そのとき，一人ひとりの子どもについて「読む，書く，話す，聞く」技能のどこが強くて，どこが弱いのかを知り指導することになるでしょう。すなわち，「読む，書く，話す，聞く」という領域別に補助教材を作ってみてはどうかと思います。「読む」技能に問題のある子には，「読む」技能を補充するような補助教材があると，効果的です。他の3つの領域についても，同じように考えられます。

　予想される英語力の低い子どもたちに対応しようとするとき，補助教材を与えることと同時に，学習時間に配慮しなければなりません。すなわち，学習時間をより多く与える必要があります。例えば，宿題として与え，宿題をよりきめ細かく見て，個別的な指導を行うことが考えられます。

第4章　英語で授業をする

〔いろいろな補助教材を作成する〕

　例えば，課のタイトルが I like to play soccer. だとします。そして，soccer の代わりに，baseball, tennis, basketball と，the piano, the violin, the flute といった単語を使って，I like to play ……. というフレーズに慣れ親しむことがこの課のねらいだとします。

(例1)「Look and Read」補助教材

　soccer のほかに，子どもたちが baseball, tennis, basketball をしている「絵」を描き，それぞれの「絵」の下に，I like to play baseball. I like to play tennis. I like to play basketball. と書いたカードを作ります。同じように，the piano, the violin, the flute についても，カードを作ります。

(例2)「Look and Say」補助教材

　それぞれの「絵」の下に，単に I like to play (　　). と書いたカードを作ります。子どもたちは (　　) のところに適切な単語を入れて，声を出して読んでいく補助教材です。あるいは，それぞれの「絵」の下は (　　) だけの形にし，絵を見て，絵にふさわしい英語を声に出して言っていきます。

(例3)「Think and Write」補助教材

　それぞれの「絵」の下に，単に I like to play (　　). と書いたプリントを作り，絵を見て，絵にふさわしい英単語を (　　) の中に書きこんでいきます。あるいは，それぞれの「絵」の下は (　　) だけの形にし，絵を見て，絵にふさわしい英文を書いていきます。

(例4)「Read and Repeat」と名付けた補助教材

　I like to play soccer. という基本表現をめぐって，数行からなる2人の子どもの英語会話文を書き，その会話にふさわしい絵を添えてカードを作ります。このカードのところどころに (　　) を作ると，「読む力」をつける補助教材になります。

コラム 4

英語の発音練習② "f" & "v" list

fとvのついた単語の発音ができ，短文が読めるようになると，一層，英語らしく聞こえます。繰り返し練習しましょう。

1 "f" word list

(1) family, fall, France, French, foot, football, feet, fork, food, fast food, fruit, grapefruit, festival, flower, file, forest, fire, fire fighter, flight, flight attendant, father, friend, first, four, fourth, fourteen, forty, five, fifth, fifteen, fifty

(2) golf, wolf, coffee, breakfast

  "f" が含まれる教室英語

(3) Good afternoon.(こんにちは。) I am fine, thank you.(元気です。ありがとう。)
Don't forget your homework. (宿題を忘れないでね。)
Repeat after me. (私の後について繰り返してください。)
That's all for today.(今日はこれまで。) I am from Japan.(日本から来ました。)
Watch out for traffic. (車に気をつけて！)
Open the file. (ファイルを開けて。) Close the file. (ファイルを閉じて。)
Fold it. (待ってください。) Watch out. (危ない！)
Be careful. (気をつけて！) Wonderful. (すばらしい。)
Perfect.(完璧です。) Make groups of four.(4人のグループを作ってください。)

2 "v" word list

(4) have, everyone, five, evening

  "v" が含まれる教室英語

(5) Good evening. (こんばんは。) Have a good day. (さようなら。)
Have a good weekend. (よい週末を！)
Louder voice. (大きな声で！) Turn over. (ひっくり返して！)
Very good. (よくできました。) Don't give up. (がんばってね。)
Open your books to page seven. (7ページを開いてください。)
I give up. (もうやめた！) I have a question. (質問があります。)
Do you have a fever? (熱があるの？) I have a fever. (熱があります。)

第 5 章

英語指導に必要な
英語表現

Q29 一斉指導する場合に必要な英語表現には、どのようなものがあるのでしょうか

> **A** クラス全体を指導していくためには、学習環境を維持し、学習活動をリードしていく英語表現が不可欠です。

　一般に「教室英語（Classroom English）」と言われている表現で、教師が子どもたちの学習活動を指導していくのに必要な英語表現です。この「教室英語」を取り出すために、他の教師の授業を、①授業の初め、②授業で行われるいろいろな指導場面、③授業の終わりに分けて、そこで教師が使っている日本語表現を記録してみてください。次に、それらを英語に訳すと、教師が実際の指導場面で必要な「教室英語」ができます。

　日本では、多くの場合、授業はクラス全員で学習していく一斉指導です。形式が重んじられていて、「始めます」とか、「お願いいたします」といったあいさつで、授業を始めます。終わるときも、「これで今日の授業は終わります」とか、「先生、ありがとうございました」といった決まり文句で終わります。

① 授業の初めには、あいさつのほか、出欠席、前時の復習、本時の目標などについて、教師は発言します。

② 授業にはいろいろな指導場面があります。テレビを見たり、CDを聞いたり、グループで調べたり、制作したり、話し合いをしたりします。

③ 授業の終わりには、あいさつのほか、次時の予告、宿題などについて、教師は子どもたちに話します。

　こうして授業に必要な英語表現は、教師によって多少違いがありますが、概してルーティーン化された「限られた」表現ですので、しっかり覚えて、意識せずに使える自然な言葉にしておく必要があります。

〔授業の初めに使う英語表現〕

Good Morning, Everyone (Class / Boys and Girls).
(みなさん，おはようございます。)
Hello(Hi)! Everyone. / How are you? Everyone. (こんにちは，みなさん。)
Let's greet each other. (あいさつしましょう。)
　→ Onegaishimasu! (お願いします。)
Stand up, please. Please sit down. (立ってください。)(座ってください。)
Are you ready? (始めていいですか。) → Yes, we are ready. (はい。)
What day is it today? (今日は何日ですか。)
　→ It is Monday, April 9. (今日は4月9日，月曜日です。)
How is the weather? (今日の天気は？)
　→ It's sunny (cloudy / rainy). (晴れ/曇り/雨です。)

〔授業の途中で使う英語表現〕

Give me your attention, please. (注目してください。)
Look at this picture. (この写真をよく見てください。)
Next, we'll watch a video (TV). (次に，ビデオ（テレビ）を見ます。)
Well, let's talk each other. (では，みんなで話し合いましょう。)
Listen to your friend carefully, please.
(お友だちの言うことをよく聞いてください。)

〔授業の終わりに使う英語表現〕

Can you tell me what words you learned today?
(今日の授業でどんな言葉を習いましたか。)
Good bye, everyone (class / boys and girls). (みなさん，さようなら。)
See you tomorrow (next Tuesday). (では，また明日（来週の火曜日）。)
That's all for today. (今日はこれで終わります。)
Time is up. Stop writing, please. (時間です。書くのをやめてください。)
This is your homework. (これが宿題です。)

Q30 小グループ学習場面で必要な英語表現には，どのようなものがあるのでしょうか

> **A** 子どもたちのアクティブな学習活動を期待して，小グループ学習が多く取り入れられています。その場にふさわしい英語表現が必要です。

　1人の教師が30人近い子どもたちを一斉に指導していく授業が一般的ですが，子どもたちの活発な学習活動を期待して，小グループ学習が盛んです。1つのグループは男女4～6人で構成されています。グループは協働しながら，学習活動に挑戦していきます。教師は小グループごとに指導していきます。

　「アクティブ・ラーニング（Active Learning）」が強調される動きの中で，今後，小グループ学習がより多くなってくると考えられます。しかも，学習活動が活発（アクティブ）になればなるほど，小グループ学習の時間がより長くなっていくものと考えられます。

　アクティブ・ラーニングでは，子どもたちが教師から指示された活動を活発に行うことが期待されているのですが，しかし，他方，子どもたちが自分たちの疑問を投げかけたり，自分たちのやりたい課題を追究したり，まさに，学習活動がさらに活発になっていくのではないかと考えられます。

　それに伴って，子どもたち自身が「……やろう（Let's）」とか，「……これ，どう（How about…？）」といった表現を使うようになってくるでしょう。さらに，「なに（What）」とか，「どのようにして（How）」とか，「なぜ（Why）」といった疑問文を使うことになるでしょう。

　すなわち，教師が「小グループ」を回って指導していく英語表現は大切ですが，他方で，「アクティブ・ラーニング」の時代を迎えて，子どもたちが自分の意見や考えを主張できる英語表現も，学ばせる必要が出てくる，ということです。

第5章　英語指導に必要な英語表現

〔小グループ学習を促進する英語表現〕

Do you know what to do?　（みんな，自分のやること，わかっていますか。）
　→ Yes, we do.　（はい，わかっています。）
Tell me what you need?　（何か必要なものはありますか。）
　→ I need a sheet of paper.　（紙を1枚ください。）
Everybody should work together well.　（みんな，協力してやってください。）
　→ Yes, we know.　（わかりました。）
Rie, you work with Ken, Okay?　（理恵さん，健君と一緒にやってね。）
　→ Yes, Ms. Sato. I will help him.　（はい。佐藤先生，一緒にやります。）

〔いろいろな疑問表現〕

What's this?　（これ，なに？）
　→ It's the Brazilian flag.　（ブラジルの国旗です。）
　　→ What're these pictures in it?　（中の絵の意味は何？）
　　　→ We'll study them.　（これから，調べてみます。）
Ken-kun, can you tell me what city this is?　（健君，この町どこだかわかる？）
　→ It is Paris. I see the Eiffel Tower.　（パリです。エッフェル塔があります。）
How do you say "Gomennasai" in English?
（"ごめんなさい"って英語でどう言うの。）
　→ You can say "Excuse me."　（"エクスキューズ・ミー"です。）
Why did you give it to Rie-chan?　（なぜ，理恵ちゃんにあげたの？）
　→ Because she asked me to.　（だって，理恵ちゃんがくれと言ったから。）

〔グループ発表での英語表現〕

Group 1, please make a presentation.　（第1班，発表してください。）
　→ We will.　（わかりました。）
Do you agree with me?　（私の考えに賛成してくれますか。）
　→ Yes, I do. / No, I don't.　（賛成です。/ 反対です。）
Are there any questions?　（質問ありませんか。）
Any ideas or comments?　（何か，他に考えやコメントありませんか。）

Q31 ペア学習の場面で必要な英語表現には，どのようなものがあるのでしょうか

A 教師はペアごとに個別指導を進めていくことになりますが，そうした指導にふさわしい英語表現が必要です。

　言うまでもなく，ペア学習は2人で学習していく学習活動ですが，ペアの組み合わせは，もっと工夫する必要があります。普通，極めて便宜的に，かつ，無造作に「隣同士」でペアを組ませます。多くの場合，男女のペアです。小学生だから，ペアの組み合わせにこだわることはない，と考えられているかもしれません。しかし，ペア学習が多くなればなるほど，組み合わせは工夫する必要があります。「気の合う」「相性の良い」子ども同士によるペア学習が理想的でしょう。学習活動が楽しくなります。

　このことは英語の授業に限ったことではないのですが，アクティブ・ラーニングが叫ばれる中で，「気の合う」「相性の良い」子ども同士によるペア学習は重要な学習形態になっていくでしょう。特に，発達段階からして，一般的に小学校5，6年生の時代に，1人の「仲の良い友だち」がいることの意義は，再確認されてしかるべきです。英語の授業は普通の授業とは違って，ネイティブ・スピーカーの教師や英語の得意な外部講師によって教えられることが多く，ペア学習に対する違和感は少ないと考えられます。

　「気の合う」「相性の良い」子ども同士によるペア学習ができるようにするためには，通常の教室での座席の決まった教室では不向きです。

　多目的スペースや空き教室を活用して「英語教室」を作るべきです。そこには，小テーブルを用意しておきます。子どもたちは「仲の良い友だち」と一緒にそこで学習していくことになります。3人のペア，時に，4人のペアができてもよいのではないでしょうか。

第 5 章　英語指導に必要な英語表現

〔ペア学習での指示表現〕

Jun, can you work with Kenta?　（淳君，健太君と一緒にやってください。）

→ Yes, Mr. Kojima. （わかりました。小島先生。）

Did you find a table to work on?　（あなたたち，テーブル見つけたの。）

→ We'll use that table in the corner.　（隅にあるテーブルでやります。）

Who reads the sentence first?　（誰が先に文章読むの。）

→ Miwako, you read first, and I will listen to you.
　（美和子，あなた先に読んで。私が聞きます。）

Don't push your friend. Be nice to your partner.
（押し合いしないでね。友だちと仲よくしてね。）

Each of you work individually. Then, exchange your works and check it.
（まず，1人でやってね。次に交換して，チェックし合ってください。）

Please discuss with your friend and find any differences.
（2人でよく話し合って，違いを見つけ合ってください。）

〔いろいろな"確認（チェック）"表現〕

Do you understand? Do you understand what I have said?
（わかりましたか。私の言ったこと理解できた？）

Do you know where we go next? Do you know how to do it?
（次にどこやるのか，分かっていますか。どのようにしてやるのかも。）

This is the important point. Did you get the important point?
（ここが重要なところです。わかりましたか。）

〔ペア学習終了時の英語表現〕

Did you work well with your friend?　（2人でうまくやれましたか。）

→ Yes, Ms. Suzuki. I enjoyed working with Eriko.
　（はい，鈴木先生。恵理子さんとうまくやれました。）

→ That's great.　（そう，それはよかったね。）

Please write your names at the top and hand the work sheet to me.
（2人の名前をシートの上の方に書いて，提出してください。）

Q32 一人学習の場面で必要な英語表現には，どのようなものがあるのでしょうか

A 子どもたちの英語力の差はかなり大きなものと考えられます。したがって，一人ひとりにきめ細かな言葉かけをする必要があります。

　英語の早期教育は極めて盛んです。また，小学生のための英語塾で学ぶ子どもたちも多くなってきています。したがって，小学校での英語教育は子どもたちの英語力に対応した個別指導の場面を多く作らねばならないと考えられます。

　個別指導の場面の作り方には，大きく２つ考えられます。１つは，一斉指導をしながらも，子どもたちの反応を見ながら，必要に応じて，個別指導を行うという在り方です。もう１つは，一斉指導を原則としながらも，あらかじめ個別指導の場面を位置付けておくという在り方です。いずれの場合も指導計画の中に，「小グループ学習」「ペア学習」や「一人学習」を組み込んでおく在り方です。言うまでもなく，「小グループ学習」→「ペア学習」→「一人学習」の順で，個別指導はより「一人ひとり」に焦点が当たるようになります。

　一人学習の場面での言葉かけは，その子の英語力だけでなく，英語に対する態度や関心に配慮したものでなくてはなりません。その子がつまずいているところを見つけ，指導の手が伸びるような言葉かけが必要ですし，その子のやる気や意欲を喚起するような言葉かけが大切であることは言うまでもありません。

　従来，ややもすると，その子のつまずき点を指摘し，自尊感情を失わせるような発言が多くなかったか，と反省しなければなりません。と言って，「褒めてばかり」の言葉かけは指導ではありません。「褒め殺し」になっていないか，これまた反省しなければなりません。その子が必要とする，その子に合った支援ができるような言葉かけが必要なのです。

第5章　英語指導に必要な英語表現

〔英語力を意識した言葉かけ〕

Can you find the points that you feel difficult?
（あなたが難しいと思うところを見つけてみてください。）
Tell me what you think you had trouble with.
（あなたがやれないと思うところ，言ってください。）
You look like you had some problem here. Am I right?
（ここで，困難を感じているように見えるけど，どう？）
If I am wrong, please tell me.　（私が間違っていたら，言ってね。）
Where did you get stuck? Where did you have trouble?
（どこでつまずいているの？　どこがやれないの？）
You'd better check here. Can you look at this carefully again.
（ここのところもう一度見てください。丁寧にもう一度見てね。）
Show me how you worked on this question.
（どうやってやったか，私に見せてください。）

〔"ほめ・サゼスション（示唆）" 表現〕

Good. Very good. Good job. Well done.　（いいよ。よくできました。）
Wonderful. Excellent. Great. It's great.
（すばらしいよ。とてもよくできました。）
Perfect. It's perfect. I like it.　（完璧。気に入ったよ。）
You have done well. I am proud of you. Good for you.
（よくやれているよ。よかったね。）
I guess you are right.　（あなたが正しいと思うよ。）
Let me make a suggestion.　（こうしたらどうですか。）
I think you had better do this first.　（こちらからやってみてはどう。）
You should keep working on this.　（ここを続けてやってください。）

Q33 授業の中で，歌や動きを伴った活動を指導する場面が出てきます。そこで必要な英語表現には，どのようなものがあるのでしょうか

A 歌はリズムに合わせ歌います。動きを伴った活動は席を立って行います。こうした活動にふさわしい英語表現が必要です。

　将来，バイリンガル政策が進展し，イマージョン・スクール（immersion school）が作られるようになれば，体育，図工，音楽といった教科を英語だけで教えることが起こるでしょう。なぜなら，こうした教科は外から見える動作を伴い，したがって，極端な言い方をすれば，言われている言葉が分からなくても，意味が通じるからです。いわゆる，身振り・手振りでコミュニケーションができる教科です。別な言い方をすると，外国語を学ぶとき，これらの教科から学ぶ方が容易なのです。「見よう・見まね」でできるというわけです。

　現在は，コミュニケーション能力の素地を養うために，身近なテーマを取り上げて，「基本的な英語表現」を習得させるというアプローチが取られています。さらに，45分の授業の展開も，かなり，定式化されてきています。まず，「あいさつ（greeting）」と「歌（song）」と「今日の学習内容（today's content）」，続いて，「アクティビティ2〜3（activities 2〜3）」，最後に，「まとめ（review）」と「あいさつ（greeting）」といった流れです。

　こうした定式化された流れの中で，歌や動きを伴った活動を指導する場面が出てきます。歌は，どの授業でも，最初に歌われます。アメリカやイギリスの童謡が一般的です。動きを伴った活動は，童謡に振り付けられた動きとして，歌と一緒に行われる場合と，集中力を高めるために，アクティビティとアクティビティの間で行われる場合が一般的です。こうした場面で必要な英語は「教室英語」と言ってもよいのですが，改めて，教師はまとめて使えるようにしておくべきでしょう。

〔歌やチャンツの指導で使う英語〕

Do you know this song? （この歌，知ってますか。）

I think everyone knows this song. （みんな，この歌，知ってるでしょ。）

Let's sing the song with music. （歌に合わせて，歌いましょう。）

Please sing the song softly along with the melody.
（メロディに合わせてやさしく歌ってください。）

Put your hands forward, and clap your hands with the one/two rhythm.
（手を出して，1・2のリズムで手をたたいてください。）

Clap your hands on One. Open your hands on Two.
（1で手をたたき，2で手を開きます。）

Take the rhythm; One two three, One two three.
（1，2，3のリズムです。）

〔動きを伴う活動の指導で使う英語〕

Stand up by the desk please. （机の横に立ってください。）

Look at me and follow me. （私を見て，まねてください。）

Stretch your arms to the side. （腕を横に延ばしてください。）

Stretch your arms and body up. （腕と体を上に延ばしてください。）

Touch your nose. （鼻を触ってください。）

Touch your knees. （ひざに触ってください。）

Touch your toes. （つま先に触ってください。）

Put your hand over your head. （手を頭の上に。）

Put your arms up and turn around twice. （腕を上に上げて，2回転。）

Shake hands with your friend. （友だちと握手してください。）

Come up to the front and show us how to do it.
（前に出てきて，どうやるのか，見せてください。）

Step gently with the one / two rhythm.
（1，2のリズムで，床を軽く踏んでください。）

Q34 総合的な学習を指導する場面で必要な英語表現には，どのようなものがあるのでしょうか

A 総合的な学習では共同して，調べ学習，制作活動，調理をします。そうした学習活動にふさわしい英語表現が必要です。

　総合的な学習のねらいは「自ら課題を見つけ，自ら学び，自ら考え，主体的に判断し，よりよく問題を解決する資質や能力を育成する」ことです。教科学習と違って，子どもたちが問題を作り，解決していく学習活動です。一般的には，プロジェクト学習，テーマ学習，トピック学習などと言われている学習です。

　子どもたちは自分たちで決めた問題について調べたり，制作したり，時には，料理をしたりします。例えば，高学年では，国際理解を目指して，「東南アジアの国について」調べたり，環境問題を取り上げて，「酸性雨について」というテーマで探究活動をします。また，中学年では，「先生紹介カルタ」を作ったり，「外国人にインタビューしよう」というテーマで活動します。また，「日本一おいしいカレー」を作ったり，「クッキー」を焼いたりもします。

　英語教育の観点から重要なことは，子どもたちが主体的に英語で発言することが期待されるということです。普通の英語の授業は，教師が子どもたちに働きかけ，子どもたちは教師の働きかけに応える活動です。それに対して，総合的な学習では，子どもたちが主体的に英語で話すことのできる機会を提供できるのです。もちろん，主体的に英語で話すことのできる子どもは多くはいないでしょう。しかし，英語の授業で学んだ基本的な表現，例えば，I see. / Thank you. / I know it. などを使うことを奨励したいものです。

第 5 章　英語指導に必要な英語表現

〔「先生紹介カルタを作ろう」で使われると考えられる英語表現〕
T：Let's introduce the teachers to your parents.
　　（先生方をお父さん，お母さんに紹介しましょう。）
　　Please choose a teacher from school.　（先生を 1 人決めてください。）
S：I like Ms. Suzuki.　（私は鈴木先生が好きです。）
T：Get some paper and some color pencils.
　　（紙と色鉛筆を取ってきてね。）
S：I have red, yellow, green and blue pencils.
　　（赤，黄，緑，青の鉛筆を持ってます。）
T：Please draw the teacher on the paper.　（では，描いてください。）
S：I'm finished.　（終わりました。）
T：Show me. It is very good.　（見せてください。よく描けています。）
S：Thank you.　（ありがとうございます。）

〔「日本一おいしいカレーを作る」で使われると考えられる英語表現〕
T：We are going to make curry and rice today.　（今日カレーを作ります。）
　　You have potatoes, carrots, onions and meat.
　　（ジャガイモ，にんじん，玉ねぎ，肉，ありますね。）
S：Yes, we have them.　（はい，あります。）
T：Then, we cut the vegetables and the meat.
　　（では，野菜と肉を切ってください。）
　　Be careful with the knife.　（ナイフに気を付けてください。）
S：Ms. Ito, we have done it.　（先生，切れました。）
T：Now, we cook them. Put them into the pot.
　　（では，料理します。鍋にみんな入れてください。）
　　Put the curry roux into the pot.　（カレールーを入れてください。）
S：It smells very nice.　（いい匂い。）
T：Then, let's eat the curry and rice.　（では，食べましょう。）

Q35 「今日のターゲット英語」である「基本表現や単語」を正確に,素早く,口に出したり,書いたりできません。どうしたらよいでしょうか

A 『キーセンテンス・ボード』を作成し,活用すれば,正確に,繰り返し指導できます。試してください。

　何より,英語は教師にとって母語ではありませんので,発音することは別としても,当然,「正確さ」に自信が持てません。その上,英語は,屈折語の内では複雑さが少ないと言われますが,「変化・活用(conjugation)」があり,また,単数・複数に関しても,日本語とはかなり違い,さらに,日本語ではあまり重視されない冠詞(a, an, the)があります。実のところ,ネイティブ・スピーカーですら,正確さにかけることがあるくらいです。

　したがって,何らかの対応策を考えないと,ネイティブ・スピーカーでない教師は指導に自信が持てません。漢字指導のときに使う「小黒板」の活用をイメージしてください。小黒板に「今日のターゲット英語」を事前に書き入れておいて,活用したいのです。この小黒板を『キーセンテンス・ボード』と名付けておきます。そして,教師がいつでも見える位置に貼り出しておき,必要に応じて,見ながら指導するということを考えたいのです。言い換えると,「アンチョコ方式」です。

　従来は,音声指導中心で,「読み,書き」する活動を避けてきましたので,こうしたボードを用いることに抵抗があるのではないかと思いますが,今後は「聞く,話す,読む,書く」という4技能の育成を目指すことになってきていますので,『キーセンテンス・ボード』は使いやすくなるはずです。母語でない英語を教えることは正確さを保証することが重要です。間違いなく,教師が英語教育に対して不安を抱くのは正確さへの不安にあると言ってよいでしょう。『キーセンテンス・ボード』の使用は不安解消に貢献するはずです。

〔キーセンテンス・ボードの例〕
（例1）　単元名「Shopping」
Clerk：Can I help you?　（いらっしゃいませ。）
Customer：Yes, please. I want a pencil case.　（筆箱が欲しいの。）
　　　　　　How much is it?　（それ，いくら？）
Clerk：It's two dollars.　（2ドルです。）
Customer：Here you are.　（いただくわ。）
Clerk：Thank you.　（ありがとうございます。）

（例2）　単元名「On the farm」
What do（　1　）eat?　（（　1　）は何を食べますか。）
They eat（　2　）.　（（　2　）を食べます。）
1：（cows, pigs, horses, sheep, chicks, ducks, hens, rabbits）
2：（corn, grass, hay, rice）

（例3）　単元名「What do you like?」
What animals do you like?　（好きな動物は何ですか。）
I like（　1　）.　（（　1　）が好きです。）
What sports do you like?　（好きなスポーツは？）
I like（　2　）.　（（　2　）です。）
What food do you like?　（好きな食べ物は？）
I like（　3　）.　（（　3　）です。）
1：（cats, rabbits, cows, horses, birds, elephants）
2：（baseball, soccer, tennis, rugby, table tennis）
3：（hamburgers, curry and rice, noodles, cake）

〔実際の授業のイメージ〕

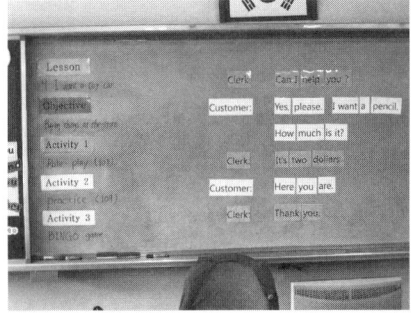

　　　　キーセンテンス・ボード

Q36 日本人の学級担任として，どのような点に留意して指導をしたらよいでしょうか

> **A** カタカナ読みなどに注意しながら，子どもの学習意欲を大切にして指導しましょう。

〔留意点① 英語の日本語読み〕

　まず，「英語の日本語読み」にならないように留意をすることが必要です。今日では，英語がそのまま日本語になって使われている言葉がたくさんあります。子どもたちはこのことに気づかず，そのまま使っていると思われます。例えば，ラジオ，テレビ，ゲーム，トマト，ケーキなどが英語から来た日本語とは意識していないと思われます。大人はこうした言葉をカタカナで表記し，外国語から来た言葉であると意識していますが，子どもたちは頻繁に耳にするためにそのまま発音をしてしまう可能性もあります。

　したがって，例えば，パフェ，アイスクリーム，ピザなど身近な言葉が英語から来た言葉であることを知らせ，アクセントを強調してはっきり発音し，教えていくべきです。

〔留意点② 間違いの正し方〕

　日本人は，間違いを恐れて，英語を進んで話さないと言われます。しかし，別のアジアの国の人々に出会うと，多少の文法のミスがあっても，とにかく積極的に英語を話します。このことは教師の指導の在り方とかかわっています。日本の教師は子どもが間違った英語を言うと，ただちに，正しがちではないでしょうか。話を途中で止めて間違いを指摘すべきではないと考えます。言い終わったところで，頃合いを見て，間違いを正したいものです。そして，子どもにもう一度繰り返させるという正し方がよいでしょう。

〔留意点③　冠詞の間違いの取り扱い方〕

　冠詞の a, the の指導は，単数・複数とも関わり，また，日本語は冠詞については"あいまい"ですので，とても難しいことです。書かれた英文の場合は，英文が固定していますので，指導しやすいのですが，アクティビティ（Activity）中でのコミュニケーション活動の中では，間違いを正すことは注意深く指導したい，と考えます。

　例えば，単元「What's this?（これは，なあに？）」の中のアクティビティとして，箱の中にある物に触れて当てるボックスゲームがあります。子どもが「筆箱」を引いて，"pencil case" と言ったら，正解です。しかし，その子が this is を使って，"This is pencil case." と言った場合です。この場合，教師は Yes. This is "a pencil case". と言い直し，Repeat after me, This is "a pencil case". と言ってその子に繰り返してもらいます。その上で，教師は Everyone, repeat after me. This is a pencil case. と指示すれば，クラスの全員が This is "a pencil case". と繰り返すことができます。

〔留意点④　日本語によるフォローの必要性〕

　英語だけで授業ができたらよいと思い，英語だけで指示すると，指示が徹底しない場合があります。アクティビティの中でゲームやクイズを行うことが多いのですが，指示があいまいで子どもたちがどのようにやるのかはっきりしない場合が時折生じます。このような場合，日本語でルールを補足説明し，全員がやり方を理解しているか，を確認してください。子どもにとって，ゲームのルールがわからなければ，その英語活動そのものに参加ができず，英語がわからないということとゲームに参加できないという二重の「できない」経験をしてしまいます。そのような状況を作らないためにも，日本語のフォローを状況に応じて行うことも視野に入れておきましょう。

Q37 英語力の違う子どもたちに英語を教えるには，どうしたらよいでしょうか

A たしかに，かなりの数の子どもたちが地域の英語塾やテレビの英語番組で学んでいます。英語力の違いに応じた指導が不可欠です。

　駅付近や地域にある子ども英語塾の多さには驚きます。また，NHKを始め放送局の英語番組の充実さにも驚きます。さらに，今では，英語教育を行っていない保育園や幼稚園はないのではないかと思われるほど，英語教育が一般化しています。しっかりした調査がないのではっきりは分かりませんが，小学校の子どもたちの英語力は相当なもので，こうした英語教育を受けている子どもと，そうでない子どもの間の英語力の差は相当大きいと考えられます。この差は，英語教育が本格的に導入される平成32年（2020年）までには，さらに拡大するものと思われます。

　したがって，学級の子どもたちを全員一緒に指導する一斉授業は機能しないかもしれません。学校によっては学力別グループ編成をして指導することになるでしょう。

　一斉授業で指導するとしても，何らかの「個に応じた指導」を構想することになるでしょう。(1)一斉指導を補足するねらいで，英語力に応じた学習プリントを用意し，部分的に個別指導を行う，(2)時折，英語力に応じたグループ学習を組み入れて，個別指導を行う，(3)補充的あるいは発展的な学習を用意して，個に応じた指導を行うことが考えられます。

〔「授業の"途中"に個別指導の機会を設ける」モデル〕
指導案（例1）「子どもたちの学習活動の流れ」

    1　Greeting
    2　Song
    3　Warm-up
    4　Today's Activity 1：Whole Class Work
       Individual / <u>Group Work Based on Achievement Level</u>
    5　Today's Activity 2：Whole Class Work
       Individual / <u>Group Work Based on Achievement Level</u>
    6　 Review and Greeting

〔「授業の"最後"に個別指導の機会を設ける」モデル〕
指導案（例2）「子どもたちの学習活動の流れ」

    1　Opening
    2　Song and chant
    3　Warm-up
    4　Today's Activity：Whole Class Work
    5　Assessment
    6　<u>Individual / Group Work Based on Achievement Level</u>
    7　Closing

Q38 英語の評価について、どのように考えればよいでしょうか

A 文科省が推進している評価基準『CEFR-J』[注]に従って、各学校は『CAN-DO』リストを作成し、評価していくことになります。

　Q 17で見たように、次期学習指導要領の原案によれば、小学校の英語教育の評価について、次のように言われています。すなわち、「『英語を使って何ができるようになるか』という観点から一貫した教育目標（4技能に係る具体的な指標の形式の目標を含む）を設定し、それに基づき、英語を『どのように使うか』、英語を通して『どのように社会・世界と関わり、よりよい人生を送るか』という観点から、児童生徒が主体的に学習に取り組む態度を含めた学習・指導方法、評価方法の改善・充実を図っていくこと」です。

　そして、「これを踏まえ、各学校が具体的な学習到達目標（CAN-DO形式）を設定し、児童生徒にどのような英語力が身につくか、英語を用いて何ができるようになるかなどが明確になり、指導と多面的な評価の一体化とそれらの改善が図られる」べきだと言うのです。

　さらに突っ込んで、現在の評価の4つの観点の内、「関心・意欲・態度」について次のように言われています。「併せて主体的な学びにつながることを重視し、観点別学習状況の評価において、例えば、『英語を用いて〜ができる』とする観点を『英語を用いて〜しようとしている』とした評価を行うことによって、生徒自らが主体的に学ぶ意欲や態度などを含めた多面的な評価方法」を行うとしています。

　言い換えると、現在行われている評価活動の中に「CAN-DO形式」を取り入れていくことが考えられていると言えるでしょう。

注）CEFR：ヨーロッパ共通言語参照枠組み（Common European Framework of Reference for Languages）。CEFR-Jはその日本版。

〔CAN-DO 形式〕

　CAN-DO 形式は「できる−行う」という形式ということですので，今日までの目標の記述の仕方と変わりません。「……ができる」という行為動詞で記述する形式です。「できる−行う」形式で評価目標を記述するのですから，パフォーマンス（performance）を伴い，外から観察（observable）でき，測定可能（measurable）です。しかし，関心・意欲・態度といった目標はむしろ「外から観察しにくいもの」です。量的に捉えることになりやすいのはそのためです。さらに，「……を理解することができる」という認知理解についても，行動化しにくい点が残ります。

> 能力記述文の例
> ・基本的なあいさつの決まり文句を聞いて，理解することができる。
> ・日常生活に関する簡単な質問をしたり，簡単な質問に答えたりすることができる。
> ・身近な話題について発言したり，反応したりすることができる。
> ・短いスピーチをすることができる。
> ・構成がはっきりした物語や現代の文学作品のあらすじを理解することができる。
> ・自分の関心のある分野の様々な話題について，簡単なつながりのある文章を書くことができる。
>
> （文科省「各中・高等学校の外国語教育における『CAN-DO リスト』の形での学習到達目標設定のための手引き」平成 25 年 3 月，p.29）

〔「使える英語」を目指して〕

　「コミュニケーション能力の素地」を養うことが小学校英語教育の目的であることも変わりません。今回，「英語が使える」ことの素地を養うということがより強調されていると考えられます。英語のことだけではなく，日本語でも，話をするときにはそこに（話す内容）があり，同時に（話し方）が考えられねばなりません。すなわち，コンテンツ（話す内容）とランゲッジ（話し方）を統一的に捉えることによって，「使える」ようになる，というのです。今までの英語教育では話す内容を教えていて，そこには，いつ，どんなときに使うのか，意識されていなかったのではないかという反省があります。「実生活における英語の使用場面」と「実際のコミュニケーションの場面」を同時に考慮した英語教育を志向する方向です。

Q39 「聞く，話す」技能は，どのようにして評価したらよいでしょうか

A 1対1（あるいは2）での会話場面を作り，基本文をめぐって，英語で会話を交わし，その場面を記録し，分析し，評価することになります。

　高学年の英語は教科化される予定です。教科化されると，教科書ができ，教科書の指導書もできるでしょう。同時に，成績を付けなければならなくなります。もちろん，英語は「読む，書く，聞く，話す」の4つの技能について評価しなければならなくなります。よく言われるように，「読む，書く」能力はペーパーテストで測定することができます。しかし，「聞く，話す」技能はどうしたらよいのでしょうか。

　「聞く力」の評価についてはヒヤリング・テストがあります。テープやCDから，英語の単語や文章や会話を流し，聞かせ，解答用紙にあるいくつかの選択肢から正しい答えを選択させる，というテスト方式です。したがって，ペーパーテストに加えて行うことができます。

　しかし，「コミュニケーションの素地」を養う小学校英語教育のねらいからして，これでは不十分です。実際に，英語で，子どもと会話しながら，評価すべきです。すなわち，「会話力」を評価することになります。

　原則として，次ページのようなインタビュー形式をとります。インタビューの内容は教えられた「ターゲット英語」です。教師が英語で一人の子どもを対象にして話しかけ，子どもが英語で反応する状態を作り，評価することになります。評価の観点は子どもたちが身につけてほしい「英単語，英会話文，それに，積極性や流暢性など態度」です。インタビューの様子を見て評価するために，もう一人の教師あるいは補助者がいて評価者の役割を果たしてくれると，ベストです。あるいは，その様子を録画しておいて，後で録画を見ながら評価することもできます。

〔SOPA/ELLOPA 方式による「聞く・話す」技能の評価〕
1　1人の面接者が2人の子どもをインタビューする（約20分）
2　インタビュー
　1）　イントロダクション：名前，年齢，好きな事について尋ねる
　　　　　　　　　　　　　　　　　　　　　　　　　　　　　（2分）
　2）　10の動物（Animals）：見たことがあるか，何匹いるか（数える），好きな動物は何か尋ねる（5〜6分）
　　・Can you see an elephant?
　　・How many animals are there? Can you count them?
　　・What is your favorite animal?
　3）　買いものゲーム：売り手と買い手に分かれて，10ドルを持って，売り買いする。（5〜6分）
　　・Identification of fruits：What's this? I like apples.
　　・Shopping：Do you have any apples? How much is this?
　　　　　　　　　　　Five dollars.
　　　　　　　　　　　Here you are.
　　　　　　　　　　　Thank you.
　　・残ったお金を数える
　4）　形のあるクッキー（Shaped Cookies）：形を識別する（5〜6分）
　　・準備活動；コップを取ってくる。タオルで手をふく。お茶を飲む。
　　　Get the cup. Clean your hands. Are you thirsty? Cheers!
　　・Is this a fish? This is a shell.
　　・What's this?
　5）　動き（Movement）：Jump, Swim, Spin, Stand up.（2分）
　　　　　　　　　　　　Touch your nose, knees and toes.
3　ビデオに収録し，分析し，評価する。
4　評価の観点：語彙，理解度，反応の流暢性，反応の自主性など。
5　個人別レポートを書く。

Q40 特別教室として,「英語教室」を設け,活用すべきでしょうか

A アクティビティ中心の授業という観点から,英語のための言語環境が整った英語教室が設けられ,活用されるべきです。

　理科,図工,体育,音楽,家庭科は,実験・実習・制作・運動・演奏・調理などのために教科教室が作られてきています。こうした教科に特別教室が設けられた理由は,実験や作業のための施設・設備が必要であるとか,危険や騒音を伴うからです。いわゆる基礎教科と言われる授業時数の多い国語,算数,社会科は普通教室で十分であると考えられてきたのです。しかし,これら基礎教科もアクティブ・ラーニングを行うためには特別教室を必要とするはずです。

　本格的に導入されようとしている英語は,なにより,「言語環境」を確保するために「英語教室」を確保すべきです。なぜなら,英語以外の授業は母語である日本語で行われますが,英語の授業は母語でない英語で授業を行う方向に進んできているのです。また,英語の学習にとって言語環境は極めて重要です。英語教室の壁には,外国の写真,英単語や英語の短文が貼り付けられており,テーブルの上には,テープ・レコーダーやビデオ・デッキがあり,英語の会話や歌が聞かれ,英語圏の国にいるかのような雰囲気をもった「物的」言語環境が必要です。また,英語教室に行くと,ALTや外部講師がいて,英語で話しかけることができる「人的」言語環境が必要です。

　他方で,『英語が使える日本人』の育成を目指す英語指導は,コミュニケーション能力を育むために,多様な「英語活動」を行います。自分の机に座って,英語を読んだり,聞いたりする「インプット」活動だけでなく,英語を書いたり,話したりする「アウトプット」活動が重視されます。そのためにも,特別に設えられた英語教室が必要になってきます。

第5章　英語指導に必要な英語表現

〔英語教室（例）〕
1　言語環境

英語活動を刺激し，促進する働きをする「人的・物的」学習環境が必要です。

2　施設設備

英語活動ではコミュニケーション能力の育成を重要視しているので，積極的な活動（アクティビティ）ができる場が必要です。一人学習，ペア学習，小グループ学習ができる設備が必要です。

コラム 5

英語の発音練習③ "th" & "sh" list

　thやshのついた単語の発音ができ，単文が読めるようになると，一層，英語らしく聞こえます。繰り返し練習しましょう。

1 "th" word list

(1)　the, this, that, there, three, thunder, think, throw

(2)　tooth, teeth, mouth, cloth, earth, fourth, fifth, sixth, seventh, eighth, ninth, tenth, both

(3)　father, mother, together

　"th"が含まれる教室英語

(4)　Thank you.（ありがとう。）　That's O.K.（オーケーよ。）
　　 Is that right.（本当ですか。）　What do you think?（どう思う。）
　　 When is your birthday?（誕生日はいつですか。）
　　 It is April 6th.（4月6日です。）
　　 I agree with you.（賛成です。）　I disagree with you.（賛成できません。）
　　 What's the matter with you?（どうしたの。）
　　 Are you thirsty?（のどが渇いたの。）
　　 That's all for today.（これで今日はおしまい。）
　　 Let's sing together.（一緒に歌いましょう。）
　　 Do you know this song?（この歌知っていますか。）
　　 This is your homework.（これが宿題です。）

2 "sh" word list

(5)　she, fish, finish, trash, shop, shrimp, shirt, shoes, short

　"sh"が含まれる英語

(6)　Wash the dishes.（皿を洗ってください。）　Shake hands.（握手して。）
　　 I have finished it.（終わりました。）
　　 Please show me how to do.（やってみせてちょうだい。）
　　 Take off your shoes, please.（くつを脱いでください。）

第 6 章

英語指導に必要な創意工夫

Q41 韓国の小学校での英語教育は，どうなっているのでしょうか

A 韓国は，1997 年の第 7 次教育課程から英語教育を始め，20 年近くになり，日本にとって，大いに参考になります。

　韓国はいち早く英語教育を導入しています。特に，ソウルのような大都市には，外国系の国際学校だけではなく，「バイリンガル小学校」がいくつか存在します。これらの学校は私立学校で，ハングルと英語の比率は学校によって違いますが，ほとんどの教科を英語で教えている学校もあります。

　他方，公立学校での英語教育は極めて組織的に導入され，時間の経過とともに，成果が顕著になってきています。まず，時間数ですが，「2009 年改定教育課程」以後，3，4 年生は週 2 時間，5，6 年生は週 3 時間です。教科書は 14 種類ある検定教科書の内から学校が 1 種類を選択し，教科書は 200 ページを超える厚さで，前半のページは各課の「レッスン」で，後半のページには，いろいろな英語活動のための「カード」等が付いています。「レッスン」は「聞く，話す，読む，書く」の 4 技能を育てることを目指して構成されています。多くの学校が英語教育のための特別教室，「英語教室」を持っています。

　指導者は原則英語専科の教師です。主な専科教師は，自ら希望して 5 ヵ月間の集中研修と 1 ヵ月の海外研修を受けた教師です。研修後もインターネットなどを使って自己研修をするように要請されているそうです。この他に，英語圏に生活し，かつ，TESOL（母語が英語で子どもに英語教育を行う資格プログラム）などの資格を持った人を英語専科の教師として雇用しています。

　このほかに，学校は希望者に，有料の「放課後」英語教室を提供しています。小学 1 年生から 6 年生までの英語プログラムがあります。したがって，子どもによって英語の授業時数はさらに増えているようです。

第6章　英語指導に必要な創意工夫

〔慶南道河東郡河東初等学校(Hadong Elementary School)の英語教育〕
　この学校は釜山よりバスで西に1時間半ほど行ったところにある河東邑にある児童数約500人（1学年3～4学級）の学校です。英語は2人の専科教員によって担当されていて，3つの英語専用の教室があります。「放課後の教室」には，1人のALTと1人の韓国人教師がいます。

TESOL資格の英語専科教師（4年）　　中央研修を受けた英語専科教師（6年）

　2つの英語教室は1階の端に廊下を取り込んであり，廊下部分に準備室があります。それぞれ教室は一斉指導と個別指導を意識した設えになっています。もう1つの英語教室は普通教室で，3階の端にあります。
　英語は専科制を志向していて，指導案（Lesson Plan）はALTや英語講師とのティーム・ティーチングを想定して書かれていません。6年生の『We should save the earth』単元の「本時（1/7）の指導案」は次のような構成です。
(1)　単元名，本時の位置，教科書のページ，目標としての英語スキル。
(2)　「指導・学習活動」は，「Warm Up」（7分），「Activities」（27分），「Reviewing/Homework」（6分）という3部構成。
　①　「Warm Up」：Greetings, Motivating, Objectives（本時の基本表現と活動の提示）
　②　「Activities」：Look and Listen, Listen and Repeat, Let's Play
　③　「Reviewing/Homework」
(3)　「評価の観点」：Listening, Excellent/Good/Needs Improvement
(4)　「教材」：デジタル教科書，教科書，PPT（トラペン），カード。

Q42 中国の小学校での英語教育は，どうなっているのでしょうか

> **A** 中国の小学校での英語教育は 2001 年に始まり，英語は専科教師が 3 年生から教えています。

　約 13 億人の中国では，約 10 億人は普通話（標準語）圏に，残る 3 億人は，少数民族自治区を含んで，地方語圏に生活しています。少数民族自治区では標準語と民族語（伝統語）のバイリンガル教育が行われています。こうした言語状況の中で，英語教育が行われているのです。

　2008 年の教育部（文部省）発表の『小学校英語教学大綱』によれば，英語教育の目的は，英語を楽しみながら学び，日常会話力を育むと同時に，良き品性と行動のできる人間の育成にある，としています。英語は，1，2 年合わせて 175 校時（週 1 時間），3～6 年は各学年年間 140 校時（週 2 時間），教えることになっています。1，2 年は音声を通して，聞く，話す技能を育み，3～6 年は聞く，話す技能に加えて，読む，書く技能も育むこと，また，3，4 年と 5，6 年は，それぞれ，約 400 の英語の語彙を学ぶことになっています。

　広大な中国は都市部と農村部の差は大きく，北京，上海，天津，深圳（しんせん）などの大都市での英語教育は『教学大綱』に添って行われていますが，その他の地方ではそうとは言えません。また，香港はかつてイギリス領で，英語教育は格段と進んでいます。香港教育大学では，中文や中国学に属している科目を除いて，すべて授業は英語で行われています。したがって，中国では，ALT のようなネイティブ・スピーカーを雇用することはなく，国内で賄っていると言えます。

　中国は小学校から教科担任制を敷いています。いわゆる学級担任は「語文（国語）」と「品性と社会（道徳）」の授業（授業全体の約 3 分の 1）を担当し，英語などその他の教科（約 3 分の 2）は教科担任が教室に来て教えます。

〔東北師範大学付属小学校での英語教育〕

　この学校は長春市にあり，児童数は約 3,000 人の大規模学校です。学級規模は約 40 人ですので，1 学年 10 学級編成です。英語の授業（40 分）は 3 年生から始まり，6 年生までどの学年も，週 3 時間行われています。中国の小学校は専科制を採用していますので，英語の教師が指導しています。

　この小学校では教科書は "Oxford English" で，この授業事例は 4 年生の 3 時間単元「On the farm」です。基本表現は，What do（　1　）eat? They eat（　2　）. です。(1)に動物（cows, pigs, horses, sheep, chicks, ducks, hens, rabbits）を入れて，(2)に食べ物（corn, grass, hay, rice）を入れながら，基本表現を学ぶのです。教科書のほかに，デジタル教材，学習カードが使われます。

中国・長春市・東北師範大学付属小学校　4 年英語「On the farm」

1 時間の授業の流れはおよそ次のようです。
1) 最初にこの単元では "Old MacDonald has a farm" を歌い，この歌についての活動をします（5 分）。
2) 教師が教科書にある基本表現と必要な単語を読み，子どもたちも読みます（8 分）。
3) 学習カードを使って，基本表現と必要な単語を読み，書きします（7 分）。
4) グループ活動で，最初の授業で書いた『農場』の絵に動物と食べ物を書き入れ，練習します（10 分）。
5) 最後に，各グループの代表が前に出てきて，黒板に自分たちがやった学習活動について発表します（10 分）。

Q43 EU諸国の小学校での英語教育は，どうなっているのでしょうか

> **A** EU諸国の小学校は，2001年に定められた「(1＋2)言語」政策のもとで，英語教育を行っています。

　ヨーロッパ議会（The Council of Europe）は，2001年を『ヨーロッパ言語年』と定め，「ヨーロッパ市民」の育成を目指して，今後のEUでの言語政策を多言語・多文化主義（Plural - lingualism / culturalism）に基礎を置くこととしました。具体的には，「(1＋2)言語」政策を取ることです。すなわち，母語に加えて，EU域内の2つの外国語を習得することによって，域内での円滑な「コミュニケーション」を図り，同時に，多文化の理解によって，域内により高度で強固な一体感を形成し，EUが目指す「平和・多言語・多文化社会での共生」の実現を目指そうと言うのです。

　「(1＋2)言語」政策と言っても，英語がEU諸国の共通語となってきているのが現実です。ほとんどの国で英語は「第一外国語」として小学校3，4年生で教えられています。もう1つの外国語，すなわち，「第二外国語」は隣接する国の言葉と言われていますが，中学校（第6年から第9年）から教えられています。EU諸国の小学生の約40％が英語を学んでいて，中でも，スペイン，ポルトガルは70～80％，オーストリア，フィンランド，スウェーデンは60％と高い国です。小学校1年生より英語を教えている国はルクセンブルグ，ノルウェー，オランダ，ベルギーです。

　EU諸国の小学校の学級規模は一般的に15～20人で，学級担任制です。しかし，英語は専科教師が教えているのが一般的です。指導法はコミュニカティブ・アプローチで，音声を中心にした会話文を教えるという在り方です。

第6章 英語指導に必要な創意工夫

〔オーストリアのウズリーネン小学校の英語教育〕

　ウズリーネン小学校（Volksschule Ursulinen）は、ウィーンより汽車で2時間ほど南東に行ったところにある、オーストリア第2の都市、世界文化遺産都市グラーツ（Graz、人口約26万人）にあります。1年生から4年生までの200人の子どもが12人の教師のもとで学んでいます。

　英語の授業はすべての学年で行われています。1年生は、第2学期から始まって、隔週1時間、英語を学びます。2年生は、第1学期も第2学期も、隔週1時間、英語を学びます。3、4年生は毎週1時間、英語を学びます。

ウズリーネン小学校（オーストリア・グラーツ）　　　3年生の英語のクラス

　英語のカリキュラムはアメリカのコモン・コア・州スタンダード（The U.S. Common Core State Standards）の英語プログラムを採用しています。3年で取り扱う第1学期の題材は動物、パンと食べ物、数、身体、家族、季節と天候、スポーツ、祭日です。英語の専科教師が指導する授業（50分）は「ウォームアップ」に続いて、基本表現の提示、活動を中心とした練習と応用、まとめという流れです。「聞く・話す」技能に加えて、「書く」技能にも力を入れています。もちろん、歌やゲームを取り入れています。このクラスの英語はアメリカ人の専科教師が教えています。

Q44 どのようにしたら，ALT・外部講師と協働することができるのでしょうか

A ALT・外部講師の「特性」を生かした授業を計画し，学級担任自身が英語に積極的に関わる機会とすることです。

　ALT（Assistant Language Teacher）は正式には英語を教えるときの助手（アシスタント）に過ぎないのです。しかし，実際には，英語を指導する教師（ティーチャー）で，学級担任が助手役を務めているのです。実際は，助手も務めていないかもしれないのです。また，英語の授業をALTに全部任せてしまっている学級も多いのではないでしょうか。

　この関係を転換させることは容易ではないことです。最大の原因は学級担任の英語あるいは英語教育に対する自信の無さです。それは当然のことです。教員養成課程で英語について教科教育法や教材研究について学んでいないし，教育実習で英語を担当した経験もないからです。さらに言えば，英語にあまり自信がないから，教員養成課程に進学した人もいるからです。もちろん，教師の中には，英語が得意だった人もいるでしょうし，英語に興味を持っている教師もいるでしょう。

　自信を持つためには，現職教育の中で積極的に英語教育に関わっていくことが望まれます。しかし，実は，ALTや外部講師と協働して英語の授業を準備し，指導する機会こそ最も重要な"自己研修"の場なのです。英語を学ぶことのできるALTや外部講師が，それこそ"手の届くところ"にいるのですから，この機会を活用すべきです。

　指導する「ターゲット英語」について教材研究をしますが，そこでの問題について，ALTや外部講師にいろいろ尋ねるべきです。当然，実際の指導場面では，英語表現の細かなところでミスが出るものです。ALTや外部講師にチェックしていただくべきです。英語の授業に"積極的に"関わることが，英語力を磨く絶好の機会なのです。

〔ALT・外部講師の特色を生かした，学級担任中心の指導の充実〕

　小学校は全教科担任制を建前としてきています。したがって，英語もまた学級担任が指導することが理想的なはずです。しかし，繰り返し述べてきましたが，小学校教師は英語指導について何の準備教育も受けてきていません。母語ではないので，音声を伴った英語指導ができないのは当然です。ということで，ALT や外部講師に依存しているのが現状です。当面は，ALT や外部講師依存の現状が続かざるを得ない，と考えられます。

　2020 年（平成 32 年）の英語教育の充実と拡大を機に，第 3 〜 6 学年の学級担任が英語の授業も指導することができれば，極めて理想的であることは言うまでもありません。何より重要なことは，学級担任と ALT や外部講師との関わりが今まで以上に協力的かつ共同的にならなければなりません。そのために，ALT や外部講師の協力を得ながら行う「学級担任中心の授業」を充実させていかねばなりません。やがて，韓国や中国のように，そうした学級担任の中から英語の専科教師が生まれてくるかもしれません。

⑴　ALT や外部講師の特性は「音声（発音）」にあり，アクセントやイントネーションが"自然"というわけです。当然ですが，音声（発音）指導を担当していただくことです。英単語や会話文を何度もしっかり読んでもらい，子どもたちがそれをまねるという指導です。子どもたちの音声をチェックしてもらうことは当然のことです。学級担任も，子どもになったつもりで，一緒に学習すべきです。

⑵　子どもたちと自由に「会話」していただくことです。子どもたちがターゲット英語をめぐって ALT・外部講師に「話しかける活動」，さらに，テーマを特定せず，ALT・外部講師に「自由に話しかける活動」が考えられます。ALT・外部講師は子どもたちに"胸を貸す"活動です。学級担任もまた子どもたちと一緒に，会話に参加すべきです。

Q45 ALTと積極的に話し合いたいのですが，どのようなことに注意したらよいでしょうか

A 指導計画をめぐって，可能な限り英語を使って，話し合うとよいのではないでしょうか。

　重要なことは，「ALTと積極的に話し合いたい」という気持ちをALTに対して「態度」で示すことです。ほんの少しの時間でいいから，簡単な英語で，あいさつを交わすことから始めたいのです。好意を持って，可能な限り接触することです。

　Q49でも述べますが，私は1970年から2年間，アメリカの小学校でTA（教師助手）として勤めました。英語はまずまずでしたが，全く違う学校文化の中で，孤立感が常に付きまといました。幸いにも，1人だけ男性教師がいて，この教師が何かと目をかけてくれました。特に，コーヒーブレイクやお昼休みに話しかけてくれました。多くのALTは若く，日本語もままならない人が多く，しかも，学校に常駐しているわけではないのです。彼らの孤立感は大変なものです。

　次に重要なことは，なにより，共通の関心事である英語の授業について話し合いを持つことです。打ち合わせる時間が取れないというのなら，手渡すだけでもよいかもしれませんが，「単元活動（指導）計画」を示し，あるいは，手渡し，単元のねらい（ターゲット英語）を理解してもらえるようにすべきです。多くの場合，ALTは「単元活動（指導）計画」のレベルのことは理解していると考えられますが，その場合は毎時間の「活動（指導）案」を示すなり，手渡しておきたいのです。少しの時間でも，話し合いができれば，それに越したことはありません。

　ALTはネイティブ・スピーカーですから，自分の役割が音声の指導にあることは心得ているはずです。1つひとつの授業について役割分担が図れなくても，次第に，相手の呼吸が分かってくるはずです。

第6章　英語指導に必要な創意工夫

〔ALTとの話し合いに必要と思われる英語（事例1）〕
This is the lesson plan for Unit Three. （第3課の指導計画です。）
I will be happy if I can get your comments and suggestions.
（コメントなり，サゼションがいただけると，うれしいです。）
Shall we sit down and talk sometime tomorrow?
（明日のどこか時間を取って，座って話したいのですが。）

Here is tea for you. （まあ，お茶でもどうぞ。）
I am happy to talk with you. （話すことができ，喜んでいます。）
Please give me your comments and suggestions.
（どうぞ，あなたのコメントなり，サゼションを聞かせて。）

These are key sentences and words of this unit.
（これらがこの単元の基本表現と単語です。）
Could you read these key sentences and words three times loudly?
（基本表現と単語，大きな声で3度読んでくれない？）
Then, I will translate them into Japanese.
（その後，私が日本語で意味を伝えます。）
Could you write clearly the key words first?
（まず単語をきれいに書いてくれませんか。）
The children copy them on their notebook.
（子どもたちはそれをノートに書きます。）
And then, write the key sentences one by one.
（次に，基本表現を1つずつ，書いてくれませんか。）

〔ALTとの話し合いに必要と思われる英語（事例2）〕
How is everything going? （こんにちは。）
Today's lunch was better than yesterday's one.
（今日の給食は昨日の給食よりおいしかったよ。）
How do you think? （どう思いますか。）
Isn't it nice tea? （おいしいお茶でしょ。）
That sounds very good. （それはよさそうね。）
I am sure the children like it. （子どもたちは喜ぶと思うよ。）
You look very happy today. Do you have something special?
（今日はとてもうれしそう。何か特別なことがありますか。）
We plan to go to the city museum this week.
（今週，町の博物館に行く予定です。）
If you can join us, you will be welcome. （一緒に来てくれるなら，うれしいけど。）

109

Q46 小学校の英語教育と中学校の英語教育のつながりは，どうなっていくのでしょうか

> **A** 高学年では「初歩的な英語の運用能力の育成」を目指して，中学校とのスムーズな連携を図ることになるでしょう。

　確かなことは，英語教育が小学校3年から始まり，5，6年で英語教育は時数が週2〜3時間に増加するということです。予想としては，現在の5，6年の音声を中心とした英語活動が3，4年に降りてきて，5，6年では，4技能「聞く，話す，読む，書く」の育成からなる英語教育に変え，中学校につなげていくという方向です。具体的なカリキュラムの在り方は今後検討されていくことになっています。

　平成27年12月21日の文科省「教育課程部会外国語ワーキンググループ（第4回）」の配付資料5によると，やはり，中学年の教育内容は現在の『Hi, Friend! 1』をベースにし，高学年のそれは，9単元（各単元約8時間展開）で，「世界と日本の文化」，「英語と日本語の相違」などが強調され，「単語を書いたり，物語を読んだり，自分の考えを発表したりする活動」に重点が置かれています。

　それにしても，英語教育の早期化・一般化が急速に進行しています。多くの私立保育園や幼稚園で英語が教えられていることは周知のことですし，街には，子どもたちのための英語塾が氾濫しています。このことは，小学生の英語力に大きな違いを生み出してきていて，Q37で見てきたように，今後，英語力に応じた指導を考えざるを得なくなると考えられます。

　他方，小学校での英語教育を2年前倒しし，中学年では「コミュニケーション能力の素地の育成」，高学年では「初歩的な英語の運用能力の育成」を目指して，教育内容の高度化がもたらされるとすると，現在の中学校の教育内容はさらなる高度化は避けられません。中学校終了段階で，「英検3級程度」以上の英語力を目指すと言われています。

110

〔文科省『英語教育の抜本的強化のイメージ』平成 27 年 8 月 5 日〕
（小学校）
　現在の高学年の週１時間の「活動型」英語教育を変革し，中学年に週１時間の「活動型」英語教育と高学年に週２時間程度の「教科型」英語教育に再構成することになります。
　1　中学年の「活動型」英語教育
・目標：「聞く」「話す」を中心としたコミュニケーション能力の素地を養う。
・主に学級担任が ALT 等を一層積極的に活用した T・T を中心とした指導。
　2　高学年の「教科型」英語教育
・目標例：例えば，馴染みのある定型表現を使って，自分の好きなものや，家族，一日の生活などについて，友達に質問したり質問に答えたりできるようにする。
・「聞く」「話す」に加え，「読む」「書く」の育成も含めたコミュニケーション能力の基礎を養う。
・学級担任が専門性を高め指導，併せて専科指導を行う教員を活用，ALT 等を一層積極的に活用。

（中学校）
　1　授業時数：年間 140 時間
　2　目標：小学校での 4 技能（聞く，話す，読む，書く）の学習を前提に，卒業時の英検 3 級程度の英語力を目指す。
・目標例：例えば，短い新聞記事を読んだり，テレビのニュースを見たりして，その概要を伝えることができるようにする。
・身近な話題について理解や表現，情報交換ができるコミュニケーション能力を養う。互いの気持ちを伝え合う言語活動を中心とした対話的な授業を英語で行うことを基本とする。

Q47 読める力，書ける力をつける教材はどのように作ればよいでしょうか

A 身近な題材について書かれたストーリーを読む，ある場面を見て簡単な文を書く，日誌を書くなどの活動が考えられます。

現時点では，英語活動は「聞く・話す」活動を中心に行われています。しかし，英語が教科化されるにあたり，「読む・書く」活動も段階的に授業に組み込まれていくことになるでしょう。つまり，音声を中心とした活動から4技能（聞く，話す，読む，書く）の向上を目標とした活動になっていくでしょう。

韓国の小学校の英語教科書を見てみると，各ユニットは4技能を組み合わせた構成になっています。1つの教科書は，"Look and listen","Look and Say","Listen and Read","Make your story" という小見出しを付けて構成されています。"Look and listen","Look and Say" は，文字通り，「聞く・話す」技能の育成を目指す活動ですが，"Listen and Read","Make your story" は「読む・書く」活動のための活動です。

"Listen and Read" では，担当教師が読むときもあり，デジタル教科書の画面の中の人物が読むときもありますが，子どもたちに短文や単語を聞かせます。子どもたちは聞いたことを口に出して言います。他方，"Make your story" では，子どもたちは絵や写真を見て，短い文を書くのです。

もう1つの教科書は，"Reading around us","Read and Write","Bridge to Writing","Writing Space" という小見出しで「読む，書く」活動を強調しています。この教科書の6年生用では，別に，それぞれの課に "Story Pot" というセクションを設けて，15～6行からなるストーリーを読ませています。

日本でも今後，3, 4年は現行のように「聞く・話す」活動中心で，5, 6年で「読む・書く」活動が加えられていくのではないかと考えられます。

〔読む・書く活動のための教材（例1）：『Tom in Boston』〕

> Tom lives in Boston. He is in the fifth grade.
> He has a sister. Her name is Becky.
> She is in the second grade.
> Tom gets up at 6 o'clock in the morning and eats breakfast at 7 o'clock.
> Tom goes to school with Becky.
> He is very good at mathematics and physical education.

1. テープを何度も聞いて，この文がスラスラ読めるようにしてください。
2. 次に，テープレコーダーで，自分が読んでいるところを録音して，それを聞いてください。
3. 読めるようになったと思ったら，先生の前で読んでください。
4. 先生から『合格』をいただいたら，この文章をまねて，自己紹介をしてください。

〔読む活動のための教材（例2）：『Mukashibanashi』〕

> Long, long ago, an old man and his wife lived on a hill. They were poor and had no children. One day, the man went to the bamboo forest and found a shining bamboo. He cut it and he found a little pretty girl inside. She was Kaguyahime.

1. 友だちとペアになって，テープを何度もよく聞いてください。
2. 次に，自分でこの文章を読み，友だちに聞いてもらい，アクセントやイントネーションができているか，友だちの意見を聞いてください。
3. 同じことを友だちにもしてもらい，あなたの意見を友だちに伝えてください。
4. うまく読めるようになったら，クラス全員の前で読んでください。

Q48 小学校教員として英語の指導力の向上を目指すには、どのようにしたらよいでしょうか

A 教育委員会が英語指導力の向上のための研修の機会を提供していくでしょう。同時に、教師自身による自己研鑽も欠かせません。

　平成26年9月26日に文科省が公表した『今後の英語教育の改善・充実方策について（報告）―グローバル化に対応した英語教育改革の5つの提言―』によれば、小学校の英語教員の研修体制について次のような施策を行うとしています。すなわち、「地域の中心となる英語教育推進リーダー等の養成、定数措置などの支援が必要」とあるように、教育委員会のある「地域」（平成25年、1,819）ごとに「英語教育推進リーダー」を養成し、このリーダーを中心にその地域の小学校教員の英語力の向上を図ろうという計画と考えられます。毎年約200人の地域の「英語教育推進リーダー」を養成するとして、約5年間、中央研修を実施しようというのです。そして、各地域は中央研修を受けた「英語教育推進リーダー」を中心として、教師の研修を行い、「英語が教えられる学級担任」を養成しようというのです。

　他方で、外国語指導助手（ALT）や「専科教員（専科指導を行う教員）」の増員を図る計画のようです。44ページに述べた平成26年9月の『5つの提言』によれば、「2019（平成31）年度までに、すべての小学校でALTを確保する」とあります。全国の小学校の数は約2万校です。現在、ALTの総数は約12,000人で、このうち、市町村レベルの教育委員会に属しているALTは小学校と中学校を兼務していると考えられます。一方、中学校英語の教員免許を持った「専科教員」の数は極めて限られたものと考えられます。

　いずれにしろ、平成32年度（2020年度）の全面的に英語教育が実施されるとき、中・高学年の学級担任の指導に頼らざるをえないことは確かです。学級担任の「自己研修」が大いに期待されるところです。

〔小学校　英語教育推進リーダー中央研修プログラム（H 26）〕
A：研修の目的
1. モチベーションが継続する，楽しい英語学習方法を，体験を通して修得する。
2. 小学校における外国語活動及び，外国語科について，体験を通してより深く理解し，授業での実践に役立てる。
3. 教師自ら主体的に英語を学び続けようとする態度を養う。
4. 研修終了時には，英語力という点から，研修参加者は次のことができるようになっている。
   ・児童の実態に合わせて，適切な教室英語を使う。（ほめ言葉，指示，説明など）より主体的に，自信をもって，ALT 等と授業について話し合う。
   ・基本的な英語の音声の特徴を捉え，英語を正しく発音する。（強勢，イントネーション，区切りなど）
   ・発音と綴りの関係について基本的なことを理解する。
5. 研修終了時には，教授法という視点から，研修参加者は次のことがよりできるようになっている。
   ・設定した目標を達成するのに適切な活動を選択，配列し，実施する。
   ・児童のコミュニケーションへの関心・意欲・態度を高める活動の種類を増やす。
   ・児童を巻き込み，語いや表現に慣れ親しませたり，習得させたりするために絵本を活用する。
   ・英語特有のリズムやイントネーション，語いや表現に慣れ親しませたり，習得させたりするために歌を活用する。
   ・絵本を，自信をもって生き生きと，児童の興味を引き付けるように読むことができる。
6. 研修終了時には，英語学習という視点から，研修参加者は次のことができるようになっている。
   ・自分自身の英語学習計画を立てる。
   ・自身で英語学習を進めるにあたり，様々な方策を活用する（多読など）。
   ・無料オンライン教材とその利用法について，より深く理解し，自身の英語力向上のために利用する。
B：14 時間の研修会

Q49 子どもたちに身につけてほしい英語表現には、どんな表現が考えられるでしょうか

A 教師に「教室英語」があるように、子どもたちには「学習英語」があるべきでしょう。

　小学校の教師たちが"英語"も指導することができるようになってほしい、と願って、この本は書かれています。できることなら、母語ではない英語を可能な限り使って、子どもたちに英語を教えてほしい、と考えています。そのために、教室での指導場面に必要な英語を「教室英語」として取り出し、教師たちが身につけてくれることを願っています。（付録1を参照のこと）

　付け加えておきますと、私は1970年から72年にかけての2年間、アメリカのウィスコンシン州オークレア市にあるローカスト・レーン小学校で教育に携わってきました。最初の2, 3日、チームを組んで教える教師の「発言」に注意し、メモを取り、覚えるようにしました。それは授業を進めるのに必要な「教室管理、学習指導」にかかわる英語表現です。これらの表現を「教室英語」と名付けていたのです。

　子どもたちの英語の授業を観察していると、たしかに、子どもたちは「ターゲット英語」にある基本表現やそこで用いる語彙を学び、覚えていきます。しかし、それらは子どもたちの"自発的な"表現ではないのです。これでは、英語に対して、子どもたちは受け身で、自分の言いたいことや言いたい気持ちを自分から表現する英語力は身につきにくいのではないかと考えます。例えば、学習しておれば、May I ask you a question? とか、I agree with you. とかいった表現が必要になってくるはずです。

　少し大げさに言えば、今日までの小学校英語では、子どもたちの発言力は育たないのではないかと心配になります。

第6章　英語指導に必要な創意工夫

〔子どもたちに身につけさせたい英語表現（例）〕
1　Greeting/Exclamation（あいさつ・感嘆表現）
Good morning!（おはよう。）　I'm doing fine.（元気です。）
Bye, Bye./ See you later./ Godbye, Friends.（さようなら。）
Thank you!（ありがとう。）　That is good./ It is great.（いいね。）
I did it!（やれたよ。）　I'm happy!（うれしい。）　This is interesting!（面白い。）
Wow! They are very pretty.（とてもかわいい。）
2　Agreement　（同意・否同意表現）
Okay. Yes, Ms. Ito.　（はい，先生。）　Yes, I did.（はい，私がやりました。）
No, I don't think so.（いいえ，そう思いません。）　Sure.（わかりました。）
I agree.（賛成です。）　I do not agree with you.（反対です。）
Wait a moment. OK! I am ready to go!（待って。はい，いいです。）
3　Permission（許可表現）
Teacher! Is it okay if I play on the slide?（先生，滑り台で遊んでもいいですか。）
Is this correct?（正しいですか。）
Excuse me. May I talk to you?（すみません。話してもいいですか。）
Is it okay if I watch TV?（テレビを見てもいいですか。）
4　Work-on Expression to Adult（大人に対しての働きかけ表現）
I'm finished! Ms. Ito, I am done.（先生，できました。）
I'm going to go to the bathroom.（トイレに行きたいのですが。）
I want to read the book.（本が読みたい。）
I would like to go see Mr. Kato.（加藤先生にお目にかかりたいのですが。）
I would like to play on the game again.（ゲームをもう一度やりたいのですが。）
Show me how to, please.（やり方を教えてください。）
I know!（分かりました。）　Tell us again.（もう一度言って。）
5　Work-on Expression to Friends（友だちに対しての働きかけ表現）
Let's play rock, paper, scissors! Rock, paper, scissors, go! Again, go! Go!
（じゃんけん，やるよ。じゃんけんぽん。あいこでしょ。）
Show me how to do again.（もう一度やり方教えて。）
I'm ready!（いいよ。）　Let's go!（行くよ。）　I can do that.（やれるよ。）
You are welcome, of course.（どうぞ。）
6　Question（問いかけ）
What time is it?（何時。）　What day is it today?（今日，何曜日。）
Where do we go?（どこに行くの。）　Where is my pencil?（ペン，知らない。）
How many apples?（リンゴは何個。）
What's for lunch today?（今日のランチは何ですか。）
What do you want me to do?（どうしたいの。）
Why do you say that?（どうしてそんなこと言うの。）

Q50 今日，日本の英語教育が当面している根本的な課題は，なんでしょうか

A グローバル時代に当面して，明治時代以降に取ってきた英語に関する言語政策を変革しなければならないことは確かでしょう。

戦後，英語教育を中学校に導入した際，英語は「選択科目」であり，新制高等学校の入学試験でも，英語は「選択」でした。名目上は長くこの制度は維持されましたが，実際には，ほんの数年で実質「必修科目」になり，やがて，入学試験でもすべての受験生が英語を選択するようになりました。2008年（平成20年）の学習指導要領の改訂で，「総合的な学習の時間」の一部として5，6年に週1時間の「英語活動」が導入されたのに続いて，予定されている2018年（平成30年）の改訂を機に，小学校3年から始めることになりました。近年，保育園や幼稚園で英語の早期教育が盛んで，また，街には子どものための英語塾が氾濫している状況からして，やがて，英語教育が小学校1年生から始まることは容易に想像されるところです。

言い方を変えますと，英語はすべての日本人が学ぶべき教科になるということです。一応，現時点では，中学校卒業時に「50％」の子どもたちが英検3級程度のレベルになることが目的とされています。このことは言語政策として「バイリンガル（2言語）主義」を採用するということで，日本の言語状況が一変することを意味します。

Q41～43で見たように，韓国，中国，「(1＋2)言語政策」を取るEU諸国を見ればわかるように，レベルこそ違え，英語が「国際共通語（International Common Language）」となってきています。日本もまた，この方向に大きく舵を切ることになるのです。

したがって，最大の課題は「バイリンガル（2言語）主義」をめぐるものです。

〔「バイリンガル（2 言語）主義」に関する研究不足〕

　明らかに，英語を「国際共通語」と認めない「日本語至上主義（Japanese Only）」との対立が根強く存在します。「英語の導入は日本語，日本文化を台無しにする」という考え方です。これは研究を深めれば解決できるといった性格の課題ではなく，政治的妥協，決断を必要とするものです。

　しかし，「バイリンガル・バイカルチュラル（2 言語・2 文化）主義」を国家の言語政策として掲げる以上，特に第 1 章で見てきたのですが，日本人が「バイリンガル・バイカルチュラル」になることができるのかといった疑問に応える研究が不可欠です。「バイリンガル・バイカルチュラル主義」は多民族国家であるカナダやオーストラリアで研究されてきたのですが，今後，日本でも，研究されなければならないことは確かです。

〔「国際共通語」教育の実施に関する課題〕

　英語をめぐる言語政策に関する研究不足と共に，英語教育を実施する上での「準備不足」が常に指摘されてきています。ここでの最大の問題は英語を指導する教師と教師養成のことです。誰が小学校で英語を指導するのかという課題です。韓国，中国，EU 諸国を見ると，「専科教師」化が進んでいると考えられます。韓国では，学級担任の中から希望者を募り，1 ヵ月の海外研修を含んだ半年の集中研修を行ってきています。また，英語力のある外部講師を専科教師として採用しています。中国や EU 諸国は，国内外に人的資源があり，ALT に依存していません。

　英語の教育課程や指導法の研究が重要なことは言うまでもありませんが，英語教育を担当する教師養成は長期的な課題です。過渡期として，英語を指導する教師をどのように確保していくかという課題と，長期的な展望から教員養成をどのようなものにしていくのかという課題に分けて検討すべきことは言うまでもありません。

コラム 6

英語の発音練習④ "er/ir/ur" "ar" & "or" list

　er/ir/ur と ar と or のついた単語の発音が区別できるようになると, 一層, 英語らしく聞こえます。繰り返し練習しましょう。

1-(1) "er" word list

(1)　father, mother, sister, brother, daughter, grandfather, grandmother
(2)　teacher, driver, fighter, member, police officer, player, singer, tiger, (partner)
(3)　cucumber, pepper, butter, dinner, hamburger, conditioner, together, holder, grasshopper, thunder, weather, flower, summer winter, September, October, November, December, after, computer, eraser, letter, soccer, sweater, river, (sugar)

　"er" が含まれる教室英語
(4)　Good afternoon.（こんにちは。）　Let's sing together.（一緒に歌いましょう。）
　　Cut the paper.（紙を切って。）　Perfect.（完璧です。）
　　Hana is flower in English.（花は英語ではフラワーです。）
　　What's the matter with you?（どうしたの。）　I have a fever.（熱があるの。）

1-(2) "ir/ur" word list

(5)　girl, thirteen, shirt, air, chair, pair
(6)　curtain, church, nurse, purple, fur, (four)

　"ir/ur" が含まれる教室英語
(7)　Get into pairs.（ペアになって。）　Bring your chairs.（イスを持ってきて。）
　　Line up the chairs.（イスを1列に並べて。）
　　Are you thirsty?（のどが渇いていますか。）
　　Whose turn?（誰の番？）　Your turn.（あなたの番です。）

2 "ar" word list

(8)　car, carpet, park, part, hard, (supermarket)

3 "or" word list

(9)　doctor, tutor
(10)　pork, fork, forty
(11)　word, work

付録 1　教師のための教室英語

① 授業表現

〈授業のはじめ〉

よびかけ	Everyone.	みなさん。
	Class.	クラスのみなさん。
あいさつ	Boys and girls.	男子，女子のみなさん。
	Stand up.	起立。
	Bow.	礼。
	Sit down.	着席。
	Good morning.	教師：おはよう。
	Good morning, Mr. Kato.	児童：おはよう，加藤先生。
	Hello.	こんにちは。
	Good afternoon.	こんにちは。(午後)
	Good evening.	こんばんは。
	How are you?	教師：元気ですか？
	Fine, thank you. And you?	児童：元気です。あなたは？
	I am fine, thank you.	教師：元気です。ありがとう。
	Are you ready?	準備はいい？
	Let's start.	はじめましょう。

〈授業のおわり〉

作業を終わりにする時	Are you done?	おわりましたか？
	Stop.	ストップして。
	Stop writing.	書くのをやめて。
	Time is up.	おしまい。
	Pencils down.	えんぴつを置いて。
	Let's clean up.	片づけをしましょう。
	This is your homework.	これが宿題です。
	Don't forget your homework.	宿題忘れないでね。
あいさつ	That's all for today.	今日はここまでです。
	See you.	またね。
	See you next week.	また来週。
	Good bye, everyone.	みなさん，さようなら。
	Have a good day.	よい1日を。
	Have a good weekend.	よい週末を。

〈活動〉

自己紹介	Nice to meet you.	はじめまして。
	Nice to meet you, too.	はじめまして。
	What is your name?	あなたのお名前は？
	My name is Koji.	私の名前は幸次です。
	Where are you from?	どこから来ましたか？
	I am from Japan.	日本から来ました。

歌	How old are you? 　　I am ten years old. What's your hobby? 　　My hobby is cooking. Let's sing a song. Do you know this song? 　　Yes, I do. 　／No, I don't. Let's sing together. Sing it again. Repeat after me. Copy me. Louder voice.	何歳ですか？ 　　私は10歳です。 あなたの趣味は何ですか？ 　　私の趣味は料理です。 歌を歌いましょう。 この歌知っている？ 　　はい，知っています。 　／いいえ，知りません 一緒に歌いましょう。 もう一度歌いましょう。 私の後を復唱して。 こんな風に。 もっと大きな声で。
ゲーム	Let's play a game. Break up into two teams. Whose turn? Your turn. Who won?　I won.	ゲームをしましょう。 2つのチームに分かれて。 誰の番？ あなたの番だよ。 誰が勝ったの？　私が勝った。
料理	Let's start cooking. Wash the dishes. Cut the vegetables. Boil the eggs. Fry the meat. Mix it. Put oil in the pan. Let's eat. Delicious. Tasty.	料理をはじめましょう。 お皿を洗って。 野菜を切って。 たまごをゆでて。 肉を炒めて。 それを混ぜて。 フライパンに油を入れて。 食べましょう。 おいしい。
外出	Let's go out. Let's walk to the station. Take a bus. Watch out for traffic. Put on your jacket. Bring pencils and notebooks.	出かけましょう。 駅まで歩きましょう。 バスに乗りなさい。 車に気をつけて。 ジャンパーを着て。 えんぴつとノートを持って。
コンピュータ	Turn on the switch. Turn off the switch. Type your name. Click the icon. Double click. Open the file. Close the file. Save the file. Print out. Use the mouse.	スイッチを入れて。 スイッチを切って。 あなたの名前をタイプして。 アイコンをクリックして。 ダブルクリック。 ファイルを開けて。 ファイルを閉じて。 ファイルを保存して。 印刷して。 マウスを使って。

付録1　教師のための教室英語

工作	Use the keyboard. Cut the paper. Paste. Use scissors. Don't touch. Fold it. Turn over.	キーボードを使って。 紙を切って。 貼って。 ハサミを使って。 触らないで。 折って。 ひっくり返して。

② 指示・発問英語

〈よびかけ〉

注目	Look. Look at me. Listen. Listen to me. Be quiet. Quiet, please. Speak out. I can't hear you. Pay attention. Watch out. Be careful.	見て。私を見て。 聞いて。私の話を聞いて。 静かに。静かにしてください。 大きい声で言って。 聞こえないよ。 注目して。 注意して。気をつけて。
ほめる	Good. Very good. Good job. Great. Wonderful. Excellent. Perfect. Well done.	いいね。とってもいいよ。 よくやった。 すばらしい。 すばらしい。 パーフェクトだよ。 よくできました。
励ます	Try again. You can do it. Don't give up. Never mind. Almost. Take it easy. Go on. Good luck. Congratulations!	もう一度やってごらん。 あなたならできるよ。 あきらめないで。 気にしないで。 惜しい。 気軽にね。 続けて。 幸運を！ おめでとう！

〈動作指示〉

日常動作	Stand up, please. Sit down, please. Sit straight. Wait. Hurry up. Come here. Stay here. Raise your hand. Shake hands. Take turns.	立ってください。 座ってください。 まっすぐ座って。 待って。 急いで。 ここに来て。 ここにいて。 手を上げて。 握手して。 順番にね。

123

学習動作 （話す）	Help me. Go back to your seat. Open the door. Close the window. Take out your book. Open your books to page seven. Close your book. Let's read（write, review, study）. Stop working. Say "Tomato". Talk for 5 minutes. Speak more clearly. Hana is flower in English. Can you say it in English? How do you say it in English? Repeat after me. Pardon? One more, please. Guess what.	助けて（手伝って）。 席に戻って。 ドアを開けて。 窓を閉めて。 ノートを出して。 本の7ページを開いて。 本を閉じて。 読み（書き，復習し，勉強し）ましょう。 作業をやめて。 Tomato と言って。 5分間話して。 もっとはっきり話して。 花は英語でフラワーです。 それを英語で言える？ それを英語で何と言う？ 私の後を復唱して。 もう一度言ってください。 もう一度言ってください。 何だと思う？
クループ分け	Get into pairs. Make groups of four. Make a circle. Make a line. This is group one.	ペアを作って。 4人のグループを作って。 円を作って。 一列に並んで。 これが1グループです。
机移動	Move your desks to the back. Move your desks to the front. Move your desks to the side. Put your desks back. Bring your chairs. Help me to bring chairs. Line up chairs.	机を後ろに動かして。 机を前に動かして。 机を横に動かして。 机を戻して。 自分の椅子を持ってきて。 椅子を運ぶのを手伝って。 椅子を並べて。
片付け	Clear your desks. Clear the classroom.	机の上を片付けて。 教室を片付けて。

〈発問〉

	Any questions? Any ideas? Any opinions? What do you think? What is this? 　 This is an onion. What are you doing?	質問ある？ アイディアある？ 意見ある？ どう思う？ これは何？ 　 これは玉ねぎです。 何しているの？

付録1　教師のための教室英語

確認 （Yes/No の質問）		I am writing. What time is it now? 　It is 2:30. Where is my pen? 　Here it is. When is your birthday? 　It is April 6th. Do you understand? Do you remember? Can you hear? Are you ready? Are you sure? Who needs help? Any volunteers?	書いています。 今何時？ 　2時半です。 私のペンはどこ？ 　ここです。 あなたの誕生日はいつ？ 　4月6日です。 分かった？ 覚えている？ 聞こえる？ 準備はいい？ 確かですか？ 手伝って欲しい人いる？ ボランティアいる？

〈子どもの応答〉

あいづち		Yes. / No. Me? Not me. Your turn. Easy. / Hard. What? I can't see it. I can't hear you. Again, please. Done. Got it. I give up. Wait. Wait a moment. I like it. I don't like it. I have a question. I agree with you. I disagree with you. I see. Alright.　OK. No problem. Maybe. I don't know.	はい。／いいえ。 私？ 私じゃない。 あなたの番だよ。 簡単。／難しい。 何？ 見えないよ。 聞こえないよ。 もう一度お願いします。 できました。 分かった。 あきらめた。 待って。 私はそれが好き。 私はそれが好きではない。 質問があります。 あなたに賛成です。 あなたに反対です。 分かりました。 了解。オーケー。 問題ないよ。 たぶんね。 分かりません。

〈日常会話〉

ありがとう		Thank you. 　You're welcome. Thank you very much. 　My pleasure.	ありがとう。 どういたしまして。 どうもありがとうございます。 どういたしまして。

謝る	Sorry. I am sorry.	ごめんなさい。	
	Excuse me.	すみません。	
許す	That's OK.	いいよ。	
	That's all right.	大丈夫だよ。	
	Don't worry.	心配しないで。	
感情	Are you happy?	幸せ？	
	Are you angry?	怒ってる？	
	Are you sad?	悲しい？	
	Are you hungry?	お腹すいた？	
	Are you thirsty?	のど渇いた？	
	Yes, I am 〜 .	はい，〜です。	
	No, I am not 〜 .	いいえ，〜ではありません。	
体調	Are you OK?	大丈夫？	
	Are you tired?	疲れている？	
	Do you have a fever?	熱があるの？	
	What's the matter with you?	どうしたの？	
	I am OK.	大丈夫です。	
	I feel bad.	気分が悪いです。	
	I have a fever.	熱があります。	
	I have a headache.	頭が痛いです。	
	I have a stomachache.	お腹が痛いです。	

付録2　子どもたちが知っていると思われる英単語（カタカナ英語）リスト（300語）

〈名詞〉

① Vegetables（野菜）
cabbage, carrot, lettuce, potato, tomato

② Fruits（果物）
apple, banana, cherry, grape, grapefruit, lemon, melon, orange, peach, pineapple, strawberry

③ Food & Drinks（食べ物・飲み物）
beef, butter, candy, cheese, chicken, chocolate, coffee, coke, cookie, dessert, egg, hamburger, hot cake, ice cream, juice, lunch, meat, milk, pizza, pork, rice, salad, sandwich, soup, steak, sugar

④ House & Furniture（家・家具）
bed, bell, bowl, can, carpet, cup, curtain, desk, door, fork, glass, home, house, knife, radio, spoon, telephone, television, table

⑤ Numbers（数）
one, two, three, four, five, six, seven, eight, nine, ten

⑥ Buildings（建物）
park, bank, building, cafeteria, ground, hospital, restaurant, shop, stadium, stage, store, supermarket

⑦ Family（家族）
baby, brother, family, father, friend, mama, mother, papa, sister

⑧ Colors（色）
black, blue, gold, gray, green, orange, pink, red, silver, white, yellow

⑨ Body（human beings）（体）
arm, blood, body, ear, eye, face, hair, head, mouth, nose

⑩ Status & Occupation（地位・職業）
coach, doctor, driver, idol, king, magician, musician, nurse, partner, pianist, pilot, queen, singer

⑪ Animals（birds, fish, insects）（動物）
animal, bird, cat, dog, duck, fish, koala, lion, panda, rabbit, tiger, butterfly

⑫ Nature, Plants & Flowers（自然・植物・花）
air, earth, fire, flower, lake, land, moon, mountain, rain, river, rock, sea, sky, snow, star, stone, sun, tree

⑬ Transportation（交通機関）
airplane, boat, bus, car, ship, taxi, train, truck
⑭ Seasons & Time（季節・時）
spring, summer, morning, noon, afternoon, evening, night
⑮ School Life & Subjects（学校生活・教科）
book, classroom, computer, drill, hint, homework, lesson, notebook, pen, question, quiz, room, school, test, English, music
⑯ Events & Culture（行事・文化）
Christmas, festival
⑰ Hobbies & Leisure（趣味・余暇）
camping, cards, ballet, movie, piano
⑱ Sports（スポーツ）
badminton, baseball, basketball, cycling, dodgeball, football, golf, running, skating, skiing, soccer, softball, sport, swimming, tennis, volleyball
⑲ Nations, Peoples & Languages（国・民族・言語）
America, Australia, Brazil, Canada, China, England, France, Hawaii, Italy, Japan, Korea, Russia
⑳ Clothing & Accessories（衣類・アクセサリー）
bag, blouse, cap, coat, hat, jacket, raincoat, shirt, shoes, socks, sweater, T-shirt, watch

〈動詞〉

buy, catch, change, clean, click, cut, dance, drink, drive, fly, go, help, hit, jump, kill, love, mix, open, play, push, run, show, sit, stand, start, stop, try, turn, walk, wash

〈形容詞〉

bad, beautiful, best, big, clean, dark, easy, free, good, happy, high, hot, hungry, last, little, long, lucky, nice, popular, poor, pretty, safe, short, simple, soft, special, strong, tall, wild, young

〈副詞〉

again, all, back, down, first, long, second

著者紹介
加藤幸次
上智大学名誉教授。名古屋大学大学院，ウィスコンシン大学大学院修了。個性化教育学会（http://koseika.com）会長，前アメリカ教育学会会長，グローバル教育学会顧問，元異文化間教育学会会長，元国立教育研究所室長。
主な活動：（1968～72 年）フルブライト大学院生，（1970～72 年）ウィスコンシン州オークレア市の小学校で TA として指導，（1973～75 年）ニューヨーク日本人学校開設に従事，（1976～80 年）UNESCO モーバイル・チームとしてフィリッピン教科書編集に従事，（1980～81 年）フルブライト上級研究員，（1985 年）ウィスコンシン大学夏コース『日本教育の目指しているもの』担当。（1992 年）ウィスコンシン大学（オークレア校）アラムナイ賞受賞。
主な著書：加藤幸次・佐野亮子編著『学級担任が教える小学校の英語活動』（黎明書房，2006 年），加藤幸次「小学校の英語活動を創る」加藤幸次他編著『甦る教師のために』（川島書店，2011 年），『大学授業のパラダイム転換』（黎明書房，2014 年）

伊藤静香
帝京平成大学専任講師。上智大学大学院博士後期課程満期退学，ロンドン大学教育学専門大学院（Institute of Education, University College London）修了，教育学修士，MA in English, Globalization and Language Policy。
主な論文：「国際理解教育の観点から見た『英語ノート』の検討―『英語活動』から『外国語活動』への転換を通して―」（『グローバル教育』2011 年），「小学校外国語活動から中学校英語科への連携に関する一考察―『会話ユニット』の基本表現の展開に焦点をあてて―」（『個性化教育研究』2011 年），「国際理解教育の観点から見た小学校英語教科書の韓国・中国・日本の比較研究」（『教科書フォーラム』2012 年）

William Simpson（英文校閲）
テンプル大学非常勤講師。ロンドン大学教育学専門大学院（Institute of Education, University College London）修了。MA in TESOL。TEFL（Teaching English as a Foreign Language）有資格。

そこが知りたい！　小学校の英語指導 50 の疑問

2016 年 3 月 20 日　初版発行	著　者	加　藤　幸　次	
		伊　藤　静　香	
	発行者	武　馬　久仁裕	
	印　刷	株式会社　太洋社	
	製　本	株式会社　太洋社	

発　行　所　　　　　株式会社　黎　明　書　房
〒460-0002　名古屋市中区丸の内 3-6-27　EBS ビル　☎ 052-962-3045
　　　　　　FAX 052-951-9065　振替・00880-1-59001
〒101-0047　東京連絡所・千代田区内神田 1-4-9　松苗ビル 4 階
　　　　　　☎ 03-3268-3470

落丁本・乱丁本はお取替します。　　ISBN978-4-654-01928-1
Ⓒ Y.Kato, S.Ito 2016, Printed in Japan

加藤幸次・佐野亮子編著　　　　　　　　　Ｂ５判　122頁　2300円
学級担任が教える小学校の英語活動──英語で総合学習をしよう
ＡＬＴに任せきりにせず，学級担任が"日本人英語"で自信を持って指導する小学校の英語活動。1年生から6年生までの授業例を収録。

石戸谷滋・真鍋照雄著　　　　　　　　　　Ｂ５判　118頁　2000円
英語クイズ＆パズル＆ゲーム70
楽しみながら単語や文法の力が身につき，英語でのコミュニケーションも体験できるクイズ，パズル，ゲーム70種を収録。

石戸谷滋・真鍋照雄著　　　　　　　　　　四六判　175頁　1700円
恥ずかしくて聞けない英語の基礎・基本62
「family は複数か単数か？」「どうすれば英語ができるようになるの？」など，恥ずかしくて聞けない英語の基礎・基本に関する疑問に答えます。

石戸谷滋・真鍋照雄著　　　　　　　　　　四六判　224頁　1800円
知っている単語がどんどん増えるスーパー英単語分類帳
英単語を語源で効率的に記憶するためのセンター試験レベルのスーパー英単語帳。知らない英単語の意味を類推する力も身に付く。

石戸谷滋・真鍋照雄著　　　　　　　　　　Ａ５判　183頁　1800円
英文法は楽しい
新装版・英語のドレミファ①　英語のことなら何でも知ってる勝慎吾先生が，英語の綴りと発音はなぜ違うかなどの疑問に，あざやかに答えます。

小川信夫・北島春信監修　日本児童劇作の会編著　　Ｂ５判　194頁　3000円
きずなを育てる小学校 全員参加の学級劇・学年劇傑作脚本集（高学年）
多様な人間との関係を築く難しさ，コミュニケーションの大切さ，人の優しさ，人を思いやる心などを描いた脚本13編と，やさしい英語劇2編を収録。

小川信夫・滝井純監修　日本児童劇作の会編著　　Ｂ５判　230頁　2900円
小学校 全員参加の楽しい学級劇・学年劇脚本集（高学年）
英語劇，生活劇，童話劇，人形劇等，学級・学年の多くの子どもが参加し，協力して作り上げる学芸会用脚本や学級活動，生活・安全指導のミニ脚本など19編。

表示価格は本体価格です。別途消費税がかかります。

■ホームページでは，新刊案内など，小社刊行物の詳細な情報を提供しております。「総合目録」もダウンロードできます。http://www.reimei-shobo.com/